AEGAEIS

ALFRED NAWRATH

AEGAEIS

PELOPONNES SPORADEN CYPERN

 Kümmerly & Frey Geographischer Verlag Bern
BLV Verlagsgesellschaft München Bern Wien

Farbaufnahmen: Alfred Nawrath†, Bremen

Photolithos und Druck der Farbtafeln:

Kümmerly & Frey, Graphische Anstalt, Bern

Satz, Druck und Einband: Stämpfli + Cie AG, Bern

© 1966 Kümmerly & Frey, Geographischer Verlag, Bern, 2. Auflage 1974

Printed in Switzerland

ISBN 3 405 11012 2

Inhalt

Mediterraner Archipel

ALFRED NAWRATH †

Ionische Inseln	13	Berg Athos	19
Peloponnes	14	Kykladen	20
Kreta	16	Dodekanes	22
Thessalien	17	Westkleinasien	24
Epirus	18	Cypern	31

Griechenland

JEAN M. PANAYOTOPOULOS

Reise durch Hellas	33	Das historische Schicksal	47
Die unvergängliche Legende	41	Griechenland und das Meer	53

Aegäisches Kleinasien

CEVAT SAKIR

Hellespont	57	Ephesus	79
Anatolien	60	Halikarnassos	86
Assos	64	Burg des Johanniterordens	89
Pergamon	67	Hierapolis	91
Izmir	71	Lykien	93
Ionien	74	Pamphylien	96

Cypern

WALTER STAEHELIN

Insel der Vielfalt	101	Londons Schlüssel	109
Legendäres	101	Das Vertragswerk von 1959	111
Byzanz und die Nationalkirche	103	Ausbruch des Konflikts	112
Die Prinzen von Lusignan	105	Griechen und Türken	114
Venezianisches Intermezzo	107	Wirtschaft	118
Die Türkenherrschaft	108		

Tafelverzeichnis

Ionische Inseln

1 Korfu. Klosterinsel Vlacherna und Pontikonisi
2 Assos. An der Westküste von Kephallinia
3 Ithaka. Über der Arethusaquelle
4 Marathia. An der Südspitze von Ithaka

Peloponnes

5 Bassae. Tempel des Apollon Epikurios
6 Marathonisi. Am Lakonischen Golf
7 Olympia. Heratempel und Kronoshügel
8 Messene. Begrabene Wallmauern
9 Mistra. Kloster Pantanassa und Frankenfeste
10 Alt-Korinth. Apollotempel
11 Arkadien. In Spartas Nachbarschaft
12 Karytaena. Frankenburg des 13. Jahrhunderts
13 Golf von Korinth. Aufziehender Sturm
27/28 Patras. Griechischer Käse und Wein
64 Pyrgos. Glyphadahöhlen

Kreta

14 Hafen von Chania
16 Herakleion. Ernte des Getreides
17 Vorratskrug des Klosters Vronisi
18 Im Minospalast von Knossos
19 Windmühle im Lassithital
39 Zakros. Dreschende Bäuerin

Thessalien

20 Delphi. Zwischen Apollotempel und Kastalischem Quell
21 Preveza. Frühling am Ambrakischen Golf
22 Konitza. Alte Türkenbrücke
23 Meteorafelsen nördlich von Kalabaka
24 Kastraki. Gralsburg der Meteoraberge

Epirus

25 Arta. Apsiswand der Basilioskirche
26 Kastoria. Altes türkisches Erkerhaus

Berg Athos

29 Kloster Simopetra
30 Grosse Lavra. Refektorium und Brunnenhaus
31 Russischer Mönch und Kloster Panteleimon
32 Dionysoskloster

Böotien

33 Chaironeia. Mahnmal an die Schlacht von 338 v. Chr.
34 Marathon. Schlachtfeld von 490 v. Chr.

Kykladen

35 Hydra. Zwischen Saronischem Meer und Golf von Argolis
36 Alt-Athen. Mit Lykabettos, von der Akropolis aus
15/37 Thera
38 Thera. Steilküste und Kraterwand
40/87 Chios
41 Delos. Einer der fünf archaischen Löwen
42 Naxos. Marmorbruch
43 Naxos. Unvollendete Statue bei Apollona
44 Paros. Kastell auf antiken Säulentrommeln
45 Naxos. Rohbehauene Statue
46 Paros. Glocken im Baumgeäst
47 Paros. Fischerhafen von Naussa
48 Amorgos. Kloster der Panaghia Choroviotissa
49 Ios. Hafen und Kirche
50 Ios. Oberstadt
51 Ios. Kapellen und terrassierte Weinhänge
52 Ios. Gasse mit überwölbten Durchgängen

Dodekanes

53 Patmos. Byzantinische Kapelle
54 Patmos. Hafen Skala, vom Kloster aus
55 Patmos. Heilige Grotte des Yoannis Theologos
56 Patmos. Glocken der Hagia Anna
57 Patmos. Oberstadt und Klosterburg
58 Rhodos. Tempelterrasse von Lindos
59 Rhodos. Lindos mit Götterburg
60 Rhodos. Ordensfestung und türkischer Uhrturm

61 Rhodos. Sulejmanmoschee und Minarett
62 Kastellorizzo. Ölbaumhain
63 Kastellorizzo. Im Morgenglanze
65 Kos. Verlassene Felshöhlenwohnungen

Westkleinasien

66 Assos. Vor Lesbos in der Troas
67 Pergamon. Theater auf der Akropolis
68 Izmir. Altes Smyrna mit Agora
69 Priene. Schwemmlandebene des Mäander
70 Ephesos. Johannesbasilika und Zitadelle
71 Halikarnassos. Johanniterburg
72 Pamukkale. Kalksinterterrassen von Hierapolis
73 Golf von Kerme. Unter türkischer Flagge
74 Xanthos. Nekropole der lykischen Hauptstadt
75 Soeke. Junge Frauen in alttürkischen Trachten
76 Anatolien. Schule und Moschee
77 Anatolien. Artesischer Brunnen in Steppe

78 Belkis. Alte Seldschukenbrücke
79 Manavgat. Letzter Stromkatarakt
80 Alanya. Hafen, Reede und Roter Turm
81 Antalya. Moschee des Ala-eddin-Kaiqobad
82 Anamur Kalesi. Korsarenfeste vor Cypern
83 Side. Theater der Vierzehntausend
84 Myra. Altlykische Grabfassaden der Nekropole
85 Türkische Riviera. Zwischen Antalya und Mersina

Cypern

86 Prämonstratenserabtei bei Kerynia
88 Frühchristliche Ikonenwand in Lambusa
89 Sankt-Nikolas-Kathedrale in Famagusta
90 Byzantinische Kirche bei Lambusa
91 Paphos an der Westküste
92 Mosaiken aus Kurium bei Episkopi
93 Fels der Aphrodite

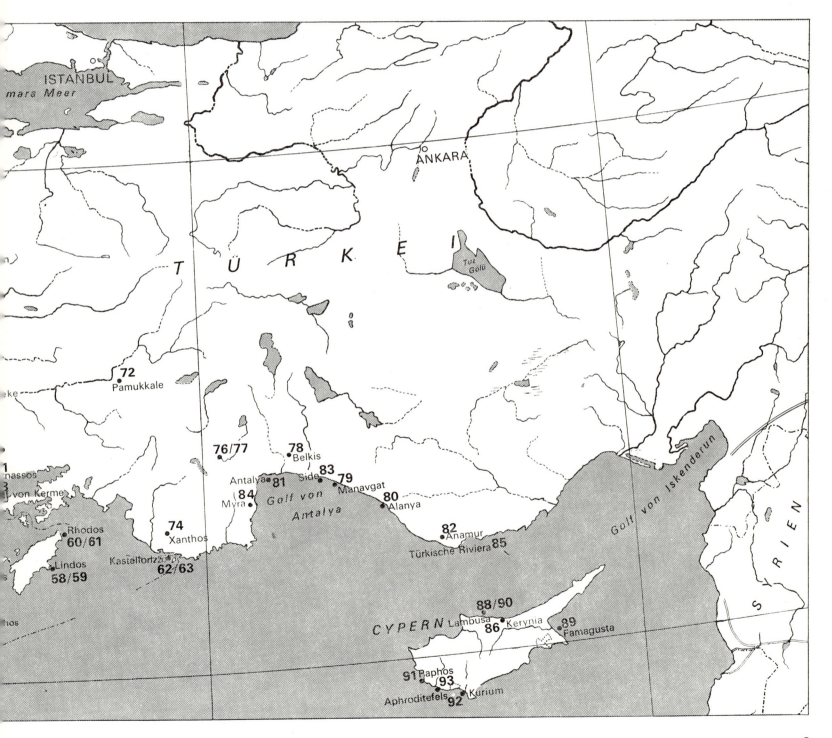

Sage mir, Muse, die Taten des vielgewanderten Mannes,
Welcher so weit geirrt, nach der heiligen Troia Zerstörung,
Vieler Menschen Städte gesehn und Sitte gelernt hat,
Und auf dem Meere so viel' unnennbare Leiden erduldet,
Seine Seele zu retten und seiner Freunde Zurückkunft.
Aber die Freunde rettet' er nicht, wie eifrig er strebte;
Denn sie bereiteten selbst durch Missetat ihr Verderben:
Toren! welche die Rinder des hohen Sonnenbeherrschers
Schlachteten; siehe, der Gott nahm ihnen den Tag der Zurückkunft.
Alle die andern, so dem verderbenden Schicksal entflohen,
Waren jetzo daheim, dem Krieg enteilt und dem Meere:
Ihn allein, der so herzlich zur Heimat und Gattin sich sehnte,
Hielt die unsterbliche Nymphe, die hehre Göttin Kalypso,
In der gewölbeten Grotte, und wünschte sich ihn zum Gemahle.
Selbst da das Jahr nun kam im kreisenden Laufe der Zeiten,
Da ihm die Götter bestimmt, gen Ithaka wiederzukehren,
Hatte der Held noch nicht vollendet die müdende Laufbahn,
Auch bei den Seinigen nicht.

Erster Gesang der Odyssee Homers; Verse I–XIX [Ausgabe 1781]

1 KORFU Klosterinsel Vlacherna und Pontikonisi

2 Assos   An der Westküste von Kephallinia

3 ITHAKA Über der Arethusaquelle

4 MARATHIA   An der Südspitze von Ithaka

Mediterraner Archipel

Noch vor fünfzig Jahren lag Hellas wie eine Insel im östlichen Mittelmeer, dessen Gestade türkisch waren: von der montenegrinischen Adriaküste über Thrakien, Makedonien, Sporaden und Syrien in weitem Bogen bis hin zur tunesischen Grenze. Es bestanden weder Flug- noch Autoverbindungen, und zwischen Saloniki und dem weitmaschigen nordgriechischen Bahnnetz klaffte eine Lücke von hundert Kilometern. Zwei Balkankonflikte und die beiden Weltkriege schlugen dem Lande schwere Wunden, doch befreiten sie es zugleich aus seiner Abgeschiedenheit und gaben ihm Möglichkeiten wirtschaftlicher Entwicklung. Nachdem sich heute der Fremdenstrom von Italien und Mallorca abzuwenden scheint, dürfte die Aegäis immer mehr zum bevorzugten Reiseziel werden. Grosse Fährschiffe bringen die ankommenden transatlantischen Gäste in wenigen Stunden nach Griechenland. Wie weiland Odysseus gehen auch sie auf *Scheria* an Land, der Insel der Phäaken, die heute Korfu heisst.

Ionische Inseln

1 KORFU Blick über Frühlingsblüten hinweg zur Klosterinsel Vlacherna, die schon in alter Zeit durch einen Damm landfest wurde wie das Eiland vor Gythion [6]. Hinter Vlacherna entsteigt den Fluten Pontikonisi, dessen Zypressenhain an Böcklins *Toteninsel* erinnert.

2 ASSOS An der Westküste der Insel Kephallinia errichteten die Venezianer ein festes Kastell zur Kontrolle der Einfahrt in den Korinthischen Golf. Blick von halber Höhe der alten Feste auf die Ortschaft, in der 1823 Lord Byron weilte, der den Ionischen Inseln zugetan war. Auch Hölderlin, der sie im Geiste sah, hat sie gepriesen: «O ihr schönen / Inseln Ioniens, wo die Meerluft / Die heissen Ufer kühlt und den Lorbeerwald / Durchsäuselt, wenn die Sonne den Weinstock wärmt / Ach! wo ein goldner Herbst dem armen / Volk in Gesänge die Seufzer wandelt!»

3 ITHAKA   Wer von den Felsbastionen im Südosten dieser Insel Ausschau hält über das inselbesäte Meer, wird die Sehnsucht ermessen, die Odysseus nach seiner Heimat zog. Am Fusse des Felsens ergiesst sich die Arethusaquelle, die über drei Jahrtausende hinweg das Lied der Gattentreue singt. Auf Ithaka wird Wirklichkeit, was uns Homer in seinem Epos schildert. Im Dunkel der nahegelegenen Nymphengrotte barg der göttliche Dulder nach dem Rate seiner Schutzgöttin Athene die Gastgeschenke, die ihm Alkinoos verehrt hatte. Bei *Marathia* [4] am Südkap der Insel mag der Steinpferch des Eumaios gestanden haben.

Peloponnes

5 BASSAE   Die kraftvollen dorischen Säulen des Tempels von Bassae verwachsen mit dem Eichbaum des Vordergrunds zu einem harmonischen Ganzen. Wer die Geheimnisse des griechischen Architekten Iktinos ergründen will, wird seine Studien in Bassae beginnen, nicht am Parthenon von Athen, an dem die Restaurierungsarbeiten kein Ende zu nehmen scheinen. Der aus grob-grauem Kalkstein erbaute Tempel liegt auf 1150 Metern in weltentrückter Bergeseinsamkeit; er wurde 417 v. Chr. vollendet und Apollon Epikurios in Dankbarkeit geweiht.

6 MARATHONISI   Die dem Hafen Gythion am Lakonischen Golf vorgelagerte kleine Insel Marathonisi hiess im Altertum Kranai. Hier fand Paris Zuflucht, als er Helena geraubt und durch seine Tat jenen verhängnisvollen Krieg ausgelöst hatte, «Der, um den Raub der schönsten Frau zu rächen / Die ganze Macht der Fürsten Griechenlands / Um Trojans Mauern lagerte» (Iphigenie zu Thoas) – Auf dem wie Vlacherna [1] durch einen Damm mit dem Festland verbundenen Eiland boten in grauer Vorzeit phönizische Händler ihren Purpur feil. Später dienten die Insel und das gegenüberliegende Gythion dem mächtigen Sparta als Seehafen.

7 OLYMPIA   Die Heilige Stätte in Elis ist auf der Welt der berühmtesten eine. Die höchste Auszeichnung an den hier abgehaltenen Spielen bestand in einem Ölbaumzweig, und mit dem gymnischen Agon war stets ein musischer verbunden; in Olympia las Herodot aus seinem Geschichtswerk vor – Bereits im späteren Altertum hielten hochbezahlte Berufsathleten in dieser Kampfbahn Einzug; selbst römische Kaiser traten in Olympia auf und buhlten um die Gunst der Masse. Das Ende dieser alle vier Jahre am ersten Vollmond nach der Sommersonnenwende gefeierten Olympischen Spiele fiel zeitlich mit dem Untergang des römischen Kaisertums zusammen, was kein Zufall war. Seit 776 v. Chr., als die rhapsodischen Gesänge Homers die griechische Welt zu erobern begannen, mass diese die Zeit nach Olympiaden.

8 MESSENE   Westlich von Kalamata am Messenischen Golf liegt das alte Messene. Die einst neun Kilometer lange, heute durch Buschwerk begrabene Wallmauer der von Epaminondas gegründeten Hauptstadt übertraf alle Werke der Festungsbaukunst in Byzanz, auf Cypern, auf Gotland und in Carcassonne.

9 MISTRA   Im Jahre 1240 von Guillaume II de Villehardouin gegründet, dem Herrscher über die Morea [Peloponnes], ist Mistra heute die einzige Stätte, wo die Entwicklung gräko-byzantinischer Architektur und Malerei über zwei Jahrhunderte lückenlos verfolgt werden kann. Auf dem höchsten Punkte des Berghügels steht die Frankenburg, auf halber Höhe das festungsartige Kloster der Pantanassa aus dem Jahre 1428 mit zahlreichen Fresken. Die Agaven im Vordergrund waren den alten Griechen unbekannt; sie wurden erst in nachkolumbianischer Zeit aus Mexiko eingeführt.

10 ALT-KORINTH   Im Jahre 50 gründete Apostel Paulus die erste Christengemeinde auf griechischem Boden: im Säulenschatten des Apollotempels von Korinth, dessen Fundamente im sechsten vorchristlichen Jahrhundert gelegt wurden. Von den ursprünglich achtundzwanzig Säulen stehen heute noch sieben aufrecht, zum Teil mit ihrem schweren Gebälk; sie messen 7,20 Meter und sind hundert Jahre jünger als die dorischen Säulen des Heratempels von Olympia [7].

11 ARKADIEN in Spartas Nachbarschaft: «Die Quelle springt, vereinigt stürzen Bäche / Und schon sind Schluchten, Hänge, Matten grün / Obst ist nicht weit, der Ebnen reife Speise / Und Honig trieft vom ausgehöhlten Stamm / Und mütterlich im stillen Schattenkreise / Quillt laue Milch, bereit für Kind und Lamm / Pan schützt sie dort, und Lebensnymphen wohnen / In buschiger Klüfte feucht erfrischtem Raum.» (Goethe; Faust II, 3. Akt)

Kreta

14 WESTKRETA   Wie Korfu ist heute auch Kreta durch Autofähren mit dem griechischen Festland verbunden. Seine politische Vereinigung mit Griechenland erfolgte 1913 und ist vor allem ein Werk des griechischen Staatsmannes Venizelos, der vor hundert Jahren bei Chania geboren wurde. Einige Minarette erinnern an die Türkenzeit.

16 ZENTRALKRETA   Wie eine Sperrkette, die am Mittelfinger der handförmigen Peloponnesischen Halbinsel und östlich auf Rhodos oder im lykischen Taurus verankert ist, legt sich die 260 Kilometer lange, grösste Insel Griechenlands, *Kreta,* vor die offene Südseite des Aegäischen Meeres, das dadurch ein Binnensee wurde.

Das Schicksal Kretas wurde durch seine geographische Lage bestimmt. Wer diese Insel besitzt, beherrscht das östliche Mittelmeer. Ihre politische Hauptstadt ist das auf dem Meridian von Kap Sunion [Attika] gelegene Chania; doch wickelt sich der Hauptverkehr mit dem griechischen Festland heute über Herakleion in der Mitte der Nordküste ab, wo die Insel ihre grösste Breite erreicht. Um 1541 wurde in einem Dorfe westlich Herakleion der Maler Theotokopuli geboren, der unter dem Namen *El Greco* Weltruhm erlangte. Fünf Kilometer von dieser Hafenstadt entfernt liegt Knossos.

Das Vorratsgefäss aus neuerer Zeit im Kloster Vronisi [17] zeigt, wie wenig sich auf Kreta geändert hat im Laufe von dreitausendfünfhundert Jahren. Auch die Drescherin

Marathonisi Vor Gythion
am Lakonischen Golf

7 Olympia
Heratempel und Kronoshügel

8 MESSENE
Begrabene Wallmauern

9 MISTRA
Kloster Pantanassa und Frankenfeste

10
ALT-KORINT
Apollotempel

11
ARKADIEN
In Spartas
Nachbarschaft

12
KARYTAENA
Frankenburg des
Jahrhunderts

an der Ostküste [39] beweist es. Sie steht auf einem kufenartig hochgebogenen Dreschschlitten, wie ihn schon altbabylonische Steinreliefs wiedergeben. Entgegen dem Rate der Bibel, einem dreschenden Esel das Maul nicht zu verbinden, hat die Bäuerin ihren Tieren einen Maulkorb vorgehängt.

18 NORDKRETA Im Museum von Herakleion vermitteln zahlreiche Einzelfunde in ihrer Gesamtheit ein geschlossenes Bild der minoischen Kultur. Die gewaltigen in Knossos ausgegrabenen Krüge aus hartgebranntem rötlichem Ton dienten zur Aufbewahrung von Öl, Wein und Getreide.

19 OSTKRETA Wie weit die Insel davon entfernt ist, ein Garten Eden zu sein, veranschaulicht der Boden der Lassithi-Hochebene, der sorgfältiger Bewässerung bedarf. Die vielen Windmühlen erinnern an holländische Landschaften vor der Jahrhundertwende.

Thessalien

20 DELPHI Noch haben sich die letzten Säulen des Apollotempels nicht befreit von den Schatten der Nacht. Schemenhaft treten all jene aus diesem Dunkel hervor, die seit unvordenklichen Zeiten aus allen Ländern nach Delphi kamen, den Weissagungen der Priester zu lauschen, deren Rat sie erbaten und als göttliche Offenbarung annahmen. Im Schutze der Phaedriadenfelsen rinnt der Kastalische Quell.

21 PREVEZA Nur Corot und Van Gogh hätten das Licht einzufangen vermocht, das den Marmor der Tempelsäulen umspielt, und die Sonnenstrahlen, die durch das Silberlaub des Ölbaums rieseln und die Blüten am Boden zusammenweben zu einem Teppich aus Tausendundeiner Nacht.

23, 24 KALABAKA Dreiundzwanzig Klöster waren es ursprünglich, die im unruhigen Jahrhundert vor der Eroberung Konstantinopels durch Mehmet II. in dieser Einsamkeit errichtet wurden: auf lotrechten Felszinnen, die oft nur durch Leitern zu erklimmen waren, und an hohen, überhängenden Felswänden. Bald werden die Meteoraklöster nur noch Zeugen der Vergangenheit sein, da auch ihnen die Novizen fehlen. Die bizarr geformten Konglomeratfelsen werden das besondere Interesse der Geologen finden.

Epirus

25 ARTA   Unser Bild führt nach dem alten Epirus, der Landschaft gegenüber Korfu, dem Ausgangspunkte dieser Hellasfahrt. Tief schneidet der Ambrakische Golf ins Festland ein, nur durch einen schmalen Isthmus mit dem Ionischen Meer zwischen Korfu, Kephallinia und Ithaka verbunden. Am südlichen Ufer der Einfahrt liegt Aktion, wo im Jahre 31 die historische Entscheidung in der Schlacht zwischen Octavianus und Antonius fiel. Arta, das Ambrakia der Antike, ist die wichtigste Stadt im Gebiete des Golfes und liegt an seiner Nordseite unweit der Bucht. Ihre byzantinischen Kirchen aus dem 13. und 14. Jahrhundert, die Metropolis Panaija Parigoritissa und die Kirche des Heiligen Basilios, zählen zu den bedeutendsten ihrer Art – Der Grieche neigt in seiner Begeisterung mehr nach Byzanz als zur Antike; denn die griechische Polis war nie staatsbildend in europäischem Sinne. Erst Byzanz schuf ein grosses Griechenreich. Heute nimmt sich Hellas seiner mittelalterlichen Vergangenheit mit Hingabe an: auch die Kirche des Hagios Basilios [25] wurde restauriert.

26 KASTORIA   An der albano-jugoslawischen Grenze ist ein altes türkisches Bauernhaus mit Erkern erhalten, an dem man mit bescheidensten Mitteln höchste künstlerische Raumharmonie erzielte.

27 PATRAS   Welchem griechischen Käse die ausländischen Gäste auch immer den Vorzug geben: von den griechischen Weinen werden alle angetan sein, besonders

vom dunklen Mavrodaphne aus Patras, der nicht in Kellern reift, sondern unter dem nur selten bewölkten freien Himmel des Landes.

Berg Athos

29 SIMOPETRA   Im Jahre 1963 beging die Klosterrepublik des Athos ihre Tausendjahrfeier. Die im Norden der Aegäis gelegene Halbinsel Chalkidike verdankt ihren Namen dem Reichtum an Erzen und läuft wie der Peloponnes in drei lange, schmale Peninsuln aus. Die der Insel Thasos zugekehrte nordöstliche Landzunge wird von der Mönchsrepublik des Heiligen Oros eingenommen. Der eigentliche Berg Athos erreicht 2033 Meter und wirkt durch seine vorgeschobene Lage im Südosten besonders eindrucksvoll; schon in grauer Vorzeit diente er den Seefahrern als Landmarke – Von den über dem Abgrund schwebenden Holzgalerien des 330 Meter hoch gelegenen Klosters Simopetra bietet sich eine unvergleichliche Fernsicht.

30 GROSSE LAVRA   963 kam der glaubenseifrige Mönch Athanasios aus Trapezunt über das Schwarze Meer gefahren, durchstreifte die wilden Eichwälder der Chalkidike und legte den Grundstein zur Grossen Lavra. Noch ragen im Klosterhof zwei Zypressen, von denen eine durchaus tausendjährig sein kann.

32 PANTELEIMON   Der russische Mönch blickt hinüber nach seinem Kloster Panteleimon, das seit dem zwölften Jahrhundert in der Hand russischer Mönche ist; dreitausendfünfhundert waren es in den letzten Jahren des Zarenreichs, siebzig sind es heute. Das Dionysoskloster [31] wurde 1385 gegründet und ist eines der jüngsten des Athos; seine Lage erinnert an Monasterien in den Himalayas.

33 CHAIRONEIA   Im Jahre 338 v. Chr. stiessen bei Chaironeia in Böotien die Heere aufeinander: Die Streitmacht der Athener stand dem Makedonenkönig Philipp II. am linken Flügel gegenüber, die Thebaner am Flüsschen Kephissos auf der rechten Flanke

dem jungen Alexander. Der Königssohn, der noch keinerlei Kriegserfahrung hatte, vernichtete das thebanische Kontingent. Ein Löwe hält den Gefallenen Thebens die Grabeswacht. Ihr Mahnmal trägt keine Inschrift; denn das Kriegsglück ist nicht mit ihnen gewesen. Doch war ihr Sterben nicht vergebens. Was Hellas aus eigener Kraft nicht vermochte: Der junge König, Makedone von Geburt, Grieche geworden durch die Erziehung des Aristoteles, öffnete griechischem Geiste das Tor zur Welt.

34 MARATHON   Der Grabhügel Soros, der die Ebene von Marathon beherrscht, birgt die Gebeine der gefallenen Athener. Schutzlos lag Athen, als sich die gewaltige Streitmacht des Perserkönigs Dareios heranwälzte. Zweiundvierzig Kilometer liegen zwischen Marathon und Athen, die der Siegesbote in eiligem Laufe zurückgelegt. Ein Teil der geschlagenen persischen Armee flüchtete auf ihren Schiffen; viele kamen in den ausgedehnten Sümpfen um, die damals den Weg nach Norden sperrten.

Kykladen

35 HYDRA   Zweitausend Jahre nach dem Angriff der Perser erstand im Osten ein neuer Gegner, der nicht nur Hellas, sondern ganz Europa bedrohte und dem es gelang, über Byzanz nach Belgrad vorzudringen und weiter bis vor die Tore Wiens. Zwar bannte Prinz Eugenius von Savoyen die äusserste Gefahr, doch wurde der Peloponnes im Jahre 1715 türkisch. 1829 errangen die Griechen nach zehnjährigem Kampfe die Unabhängigkeit ihres Staates. In diesem Ringen spielte das Eiland Hydra vor der Argolis eine wichtige Rolle. Es zählte damals vierzigtausend Einwohner und brachte unerschrockene Männer hervor wie Konduriottis und Miaoulis – Heute ist es still geworden in seinem Hafen und in jenem von Hermupolis auf Syra, nachdem die Küstenschiffahrt zu einer atlantischen wurde und der benachbarte Piräus sich zum Welthafen entwickelt hat.

5 THERA
Überliefertes Dreschen

6 ZENTRALKRETA
Ernte des Getreides

7 ZENTRALKRETA
Vorratskrug des Klosters Vronisi

8 NORDKRETA
Im Minospalast von Knossos

19 OSTKRETA Windmühle im Lassithital

37 THERA Zwischen Herakleion und Naxos liegt eine mächtige, nach Westen sich öffnende halbmondförmige Sichel; es ist die Wand eines ursprünglich ringförmigen Kraters, von der nur zwei gewaltige Trümmer übrigblieben: das Eiland Apronisi und die grosse Insel Thera nördlich davon. Auch heute noch grollt Hephaistos in den Tiefen seines Verlieses, wie die Vulkanausbrüche der Jahre 1925 und 1928 sowie das Erdbeben von 1956 beweisen – In den Sagen des Altertums hiess die Insel Kalliste, die «Schönste», und zog schon in vorhomerischer Zeit Siedler an. Da auf dem vulkanischen Boden keine Bäume wachsen, höhlen die Bewohner den anstehenden vulkanischen Tuff und Bimsstein für ihre Wohnungen aus [65]. In christlicher Zeit war die Insel der Heiligen Irene gewidmet; im Mittelalter war ihr Name Santorini.

41 DELOS Von den neun Marmorlöwen ragen noch fünf auf einer Terrasse der Feststrasse, die am heiligen See entlangführte. Einst schwammen hier die Schwäne des Apollon, und an seinem Ufer gebar die von Hera verfolgte Leto im Schatten einer Palme dem Göttervater den Apoll. Das kaum vier Quadratkilometer grosse Delos war ehemals das Herz der Welt. Franzosen gaben uns die Insel wieder und enträtselten die Geheimnisse, die ihr Boden barg.

43 NAXOS Vom Hafen Naxos an der Westseite der gleichnamigen Insel bis Apollona liegen vierzig Kilometer einer paradiesischen Landschaft. Auf Naxos feierte Dionysos seine Vermählung mit Ariadne, nachdem sie von Theseus aus Kreta entführt und verlassen worden war.

44 PAROS Da die griechischen Postdampfer zwischen den Inseln nur in grossen Zeitabständen verkehren, führen Fischerboote uns hinüber nach Paros, das durch einen schmalen Sund von Naxos getrennt ist. Ein erster Augenschein gilt den antiken Steinbrüchen, deren weisser Marmor unterirdisch bei Fackellicht gebrochen wurde, was seinen Namen *Lychnites* erklärt – Aus Paros stammte Agorakritos, der Meisterschüler des Phidias, und der grosse Skopas, des Bildhauers Aristandros Sohn, der den berühmten Amazonenfries des Mausoleums von Halikarnassos schuf. Aus durchschei-

nendem parischem Marmor ist der Hermes des Praxiteles gemeisselt, aus parischem Marmor wurden die Säulentrommeln des Heratempels geschaffen, über denen im Mittelalter ein Kastell errichtet wurde. Auch eine der wertvollsten, in die Gegenwart geretteten Chroniken ist auf parischen Marmor geschrieben und enthüllt die Menschheitsgeschichte von tausenddreihundertachtzehn Jahren: von der Zeit Kekrops, des sagenhaften Königs von Athen, bis 253 vor Christi Geburt.

Unweit der Stätte, wo heute eine Tafel des Marmor Parium aufbewahrt wird, schwebt im Baumgeäst [47] ein wundersames Glockengeläut. Der Grieche liebt es, dieses in Schutz und Schatten eines alten Baumes zu hängen, wie es die Mönche des Megaspilaeonklosters auf dem Peloponnes taten und die Bewohner von Arta im Norden Griechenlands [25], deren Glocken im Gezweig einer Zypresse angebracht sind.

48 AMORGOS   Beschwerlich ist der steinige Fusspfad von Chora auf der Insel Amorgos hinauf zur Panaghia Choroviotissa, wo zwei Mönche die einzigen Bewohner sind. Das an den Fels und in eine natürliche Grotte hineingebaute weiträumige Kloster wurde im Jahre 1088 gegründet.

49 IOS   Diese Insel nördlich von Thera, die mit Amorgos und Naxos ein gleichseitiges Dreieck bildet, soll das Grab Homers bergen und der Geburtsort seiner Mutter Klimene sein. Die terrassierten Hänge, an denen vereinzelt Kapellen stehen, tragen Reben. Die engen Gassen mit überwölbten Durchgängen sorgen im Sommer für Kühlung.

Dodekanes

53 PATMOS   Nach Verlassen der Kykladen, die kreisförmig um das heilige Delos gelagert sind, halten wir Kurs auf *Patmos,* das auf halbem Wege liegt zwischen der Insel Apollons und der Küste des kleinasiatischen Festlandes. Patmos ist unfruchtbar und

übte im Altertum keine Anziehungskraft auf Siedler aus. Die frühen Bewohner verehrten Artemis, die auf Delos geboren wurde wie ihr Bruder Apoll. Ihr Altar stand an jener Stelle, wo der aus Bithynien stammende Heilige Christodulos 1088 ein kastellartiges Kloster [57] errichtete: im gleichen Jahre, als man dasjenige von Amorgos erbaute. Beide Klöster tragen Festungscharakter und waren uneinnehmbar mit den Waffen ihrer Zeit – Auf Bild 54 blicken wir vom Hauptort Chora am Fusse des Klosters nach dem Hafen Skala. Zwischen diesem und der Oberstadt liegt eine zur Kapelle ausgebaute Höhle, in der nach der Überlieferung Johannes der Apostel wohnte und die *Apokalypse* durch seinen Schüler Prochoros niederschreiben liess – Patmos bleibt unvergesslich dem Besucher, der einmal aus dem Fenster der Klosterbibliothek geblickt, der die von Kaiser Alexius Komnenus signierte Schenkungsurkunde mit dem byzantinischen Staatssiegel betrachtet und im Evangeliar des Heiligen Markus gelesen hat, das mit Goldlettern auf Purpurpergament geschrieben ist.

58 RHODOS   Auf einer vorgeschobenen Halbinsel südlich der Hauptstadt Rhodos, in der Mitte der Ostküste, liegt Lindos mit seinem Tempel und Heiligen Bezirk der Athena Lindia aus dem vierten Jahrhundert. Nur wenige Heiligtümer der griechischen Welt können sich an Schönheit der Lage messen mit dem Athenatempel. Die Akropolis von Athen liegt weit entfernt vom Meer; in Lindos bilden Siedlung, Meer und Götterburg [59] eine untrennbare Einheit – Schon Pindar in seiner Siebten Olympischen Ode preist Rhodos und die Herakliden. In Gold auf Marmor geschrieben prangte diese Hymne im Tempel der Athena Lindia, der um die Mitte des vierten vorchristlichen Jahrhunderts vollendet wurde. Tausendneunhundert Jahre später hielt Sulejman der Prächtige nach einer Belagerung von sechzehn Monaten Einzug in Rhodos. Die Johanniter suchten und fanden Zuflucht auf Malta – Der türkische Sultan stammte aus Trapezunt; er war ein Sohn Selims I., des ersten Chalifen aus dem Hause Osman, und führte das Osmanenreich zum Zenit seines Ruhms. Im Jahre 1529 begann er die Belagerung von Wien. Am Hofe dieses Herrschers lebte der ge-

niale Minar Sinan, der grösste Baumeister aller Zeiten, der zahlreiche Moscheen und Palastanlagen schuf. Die Moschee Sulejmans des Grossen auf Rhodos [61] wurde kurz nach Eroberung der Insel von Sinan erbaut.

62, 63 KASTELLORIZZO   Ein kleiner griechischer Küstendampfer fährt von Rhodos in einigen Stunden ostwärts nach Kastellorizzo. Es ist der südlichste Punkt Griechenlands und gehört zur Gruppe der Sporaden, die sich von Patmos bis Rhodos hinzieht; diese wurden 1912 von Italien annektiert und Dodekanes benannt – Kastellorizzo ist vom kleinen türkischen Hafen Kas nur anderthalb Seemeilen entfernt und birgt zahlreiche Zeugen seiner osmanischen Vergangenheit. Kastellorizzo bedeutet *Castillo Rosso*. So nannte ein Grossmeister des Johanniterordens Ende des vierzehnten Jahrhunderts die Insel wegen der roten Farbe ihrer Felsen. Sie besitzt eine bei schwerer See unzugängliche Blaue Grotte, die an Grösse und Farbenpracht jene von Capri weit übertrifft.

Westkleinasien

TROJA   Die Blütezeit Trojas der VI. Grabungsschicht mit seinen kyklopischen Mauern fällt in die Mitte des zweiten vorchristlichen Jahrtausends; diese Stadt wurde um 1300 durch ein Erdbeben zerstört. Troja lag am kleinen Fluss Skamandros auf einem Hügel, wo es vor Überfällen geschützt war und von wo aus es die Dardanellen überwachen konnte. Der Krieg um Troja, wie ihn Homer beschreibt, war, wenn wir ihm seinen Mythos nehmen, der erste Kampf um die Meerenge – Durch die Dardanellen fuhr Iason mit seinen Argonauten, um aus dem fernen Kolchis das Goldene Vlies zu holen. Durch diese Meerenge zwischen Aegäis und Marmarameer fuhren auch die Kauffahrteischiffe, die später Milet und Priene, Ephesos und Rom aussandten, von den Ufern des Pontos Getreide herbeizuschaffen. Dardaner, Kimmerer und

21 PREVEZA Frühling am Ambrakischen Golf

22 KONITZA Alte Türkenbrücke

23 THESSALIEN   Meteorafelsen nördlich von Kalabaka

24 KASTRAKI Gralsburg der Meteoraberge

26 KASTORIA
Altes türkisches Erkerhaus

Galater, Gyges der Lyderkönig, Kyros der Perser, Alexander der Makedone; Römer, Goten, Byzantiner und Osmanen: Wer zählt die Völker, nennt die Namen, die gastlich hier zusammenkamen?

66 Assos   Wir nehmen Südkurs auf die grosse griechische Insel Lesbos, wo Arion gesungen hat und Sappho, die Zehnte Muse. Von Ayvacik führt heute eine Strasse nach Assos, das infolge der Nähe einer militärischen Sperrzone erst seit Beginn des Jahres 1965 betreten werden kann. Antike Schriftsteller preisen Assos als die am schönsten gelegene Griechenstadt der Alten Welt. In Assos verbrachte Aristoteles drei Jahre seines Lebens, und von hier aus trat nach der Überlieferung der Apostelgeschichte Paulus im Jahre 58 seine Reise nach dem Süden an.

67 Pergamon   1878 begannen die systematischen Ausgrabungen des alten Pergamon. Der hundertzwanzig Meter lange, zwei Meter hohe Sockelfries des Zeusaltars verherrlicht in einer barocken Darstellung des Kampfes der Götter gegen die Giganten den Sieg der Griechen über die Barbaren. Eumenes I., sein Sohn Attalos, der den Königstitel annahm, und ihre Nachfolger schenkten ihrer Hauptstadt eine Bibliothek, die mit 200 000 Pergamentbänden zu den wertvollsten Büchersammlungen des Altertums zählte. Antonius verschleppte sie als Geschenk für Kleopatra nach Alexandrien, wo sie ein Opfer des grossen Brandes wurden.

68 Izmir   Zwischen Bergama und Izmir nähert sich die Strasse bei Aliaga dem Aegäischen Meer. Hier, im aeolischen Kyme, wurde um 700 v. Chr. Hesiod geboren. Das von den Hängen des Pagos aufgenommene Bild zeigt die antike Agora, den alten Markt, mit seinen Säulenhallen und den modernen Hafen von Smyrna. Jenseits der Bucht befand sich die Stätte, da im Altertum und zur Zeit der Seldschuken im elften Jahrhundert die grossen Kriegs- und Handelsschiffe gezimmert wurden. 1919 wurde Izmir von griechischen Truppen besetzt und ein Jahr später in Sèvres Griechenland zugesprochen. 1922 eroberte Mustafa Kemal Pascha die Stadt zurück; über hunderttausend Smyrna-Griechen verloren dabei ihre Heimat.

MILET Homer und Hesiod, Herodotos und Hippokrates, Herakleitos und Pythagoras erblickten an der Küste Kleinasiens und auf den küstennahen Inseln das Licht der Welt. Thales, mit dem unsere heutige Naturerkenntnis begann und der dem 7. vorchristlichen Jahrhundert entstammt, wurde 200 Jahre vor Sokrates in Milet geboren. Milet brachte auch den genialen Stadtplaner Hippodamos hervor, der Priene entwarf. Tausend Jahre nach ihm schuf Isidoros zusammen mit seinem Landsmann Anthemios aus dem nahen Tralles die Kirche der Heiligen Weisheit in der Stadt des Christenkaisers Konstantin, ein Bauwerk, das durch seinen einzigartigen Kuppelraum Weltruhm erlangte – Im kosmopolitischen Milet kam im fünften Jahrhundert vor Christus auch Aspasia zur Welt, die durch ihre Schönheit und ihren Geist zu den feinsinnigsten Frauengestalten der Antike gehörte und Ratgeberin des Perikles war, des grossen Staatsmanns von Athen – Büyük Menderes, der Grosse Mäander, ein stark gewundener, heute nicht mehr schiffbarer Fluss, war einst die Lebensader von Milet. Im Verlaufe der Jahrhunderte spülte er eine zehn Kilometer breite Schwemmlandbarriere zwischen die Stadt und das Meer und weihte Milet dem Untergange.

69 PRIENE wurde durch Anschwemmungen des Menderes vom Latmischen Meerbusen abgeschnitten, auf dem einst Getreideschiffe das Korn vom Pontos, dem Schwarzen Meer, heranbrachten. Hinter der Stadt steigt beim Tempel der Kore und Demeter fast lotrecht der Burgberg empor, das letzte Refugium in Zeiten der Gefahr.

70 EPHESOS Das Zurückweichen des Meeres bei Ephesos ist auf den Kücük Menderes zurückzuführen, den Kleinen Mäander, der im Altertum Kaystros hiess – Der Tempel der Artemis war eines der Sieben Weltwunder; er ruhte auf 127 Säulen, die teilweise Reliefschmuck trugen. In Ephesos verkündigte Paulus, der hier drei Jahre lebte, das Christentum. Als Hauptstadt der Provinz Asia blühte Ephesos zur Zeit der römischen Kaiser und wurde im östlichen Mittelmeer nur von Alexandrien übertroffen. Im Jahre 263 pochten die Goten stürmisch an die Tore des Artemisions – In byzantinischer Zeit wurden gewaltige monolithe Säulen und feingemaserte Platten aus

durchscheinendem Marmor von Ephesos nach der Stadt Konstantins verbracht, wo im Jahre 1204 viele der Zerstörung durch die Kreuzfahrer anheimfielen.

Nach den Goten wurde Ephesos von den Seldschuken, Mongolen und Osmanen heimgesucht. Kaiser Justinian, der in Konstantinopel durch Anthemios von Tralles und Isidoros von Milet die Kirche der Heiligen Weisheit hatte errichten lassen, baute auch die Kirche, die das Grab Johannes' des Theologen birgt. Sie war nach der Hagia Sophia und der Apostelkirche von Konstantinopel die grösste der byzantinischen Welt und wurde 1330 von den Seldschuken in eine Moschee umgewandelt. Durch die Marmorsäulen der Johannesbasilika erblicken wir die Zitadelle mit ihrem Zinnenkranz und ihren Wehrtürmen. Auch sie stammt aus byzantinischer Zeit und wurde später durch die Seldschuken ausgebaut.

71 HALIKARNASSOS   Eine schmale Meerenge trennt Kos von Halikarnassos; nur ein Vierteljahrhundert liegt zwischen Hippokrates und Herodot, den schon die Alten «Vater der Geschichte» nannten. Wie der vom Glauben an die ewige Gerechtigkeit erfüllte Aeschylus erblickte auch Herodot im Untergang des Perserreiches ein göttliches Strafgericht über seinen König – Die Stadt Bodrum war einst dem Lyderkönig Kroisos untertan und wurde später vom karischen Fürstengeschlecht der Lygdamiden beherrscht, das von den Persern eingesetzt worden war. Artemisia die Ältere, eine Tochter des Lygdamis, nahm mit fünf Schiffen auf persischer Seite an der Schlacht von Salamis teil.

Im Britischen Museum in London befindet sich die Kolossalstatue des karischen Königs Mausolos, der mit seiner Schwestergemahlin Artemisia II. von 377 bis 353 Halikarnassos regierte, das damals Hauptstadt ganz Kariens war. Das Mausoleion, sein gewaltiges Grabmal, galt als eines der Sieben Weltwunder und lieh späteren Fürstengräbern Bezeichnung und gigantisches Ausmass. Als im Jahre 1522 die Osmanen nahten, wurden die letzten Mauern des Mausoleions niedergelegt und seine Steinblöcke in das Kastell St. Peter verbaut. Wo sich heute diese Burg erhebt, die auf türkisch *Bodrum Kalesi* heisst, stand auf der Insel Zephyrion ehedem der Marmorpalast des Königs Mausolos.

72 PAMUKKALE   Nach einigen Stunden Fahrt in östlicher Richtung gelangen wir nach Denizli, das auch mit der Eisenbahn erreicht werden kann, die nach Antalya und Konya weiterführt. Nördlich davon liegen die mächtigen Ruinen des alten Laodikeia, das heute verlassen ist, und bei Pamukkale stehen wir den noch eindrücklicheren Denkmälern des antiken Hierapolis gegenüber. Die terrassenförmig übereinanderliegenden flachen Sinterbecken, deren überfliessende Wassermassen im Laufe der Jahrtausende zu bizarren Kaskaden erstarrten, zählen zu den einzigartigsten Naturerscheinungen der Erde.

73 GOLF VON KERME   Kurze Distanzen trennen Assos von Lesbos, Cesme von Chios, Kusadasi von Samos, Bodrum von Kos; doch hat der Cypernkonflikt zwischen Griechen und Türken die Entfernung zwischen dem türkischen Festland und den vorgelagerten Inseln Griechenlands politisch unmessbar vergrössert – Auf der Insel Kos wurde um 460 v. Chr. Hippokrates geboren, der grösste Arzt der Antike, der die Heilkunde zur Wissenschaft erhob und seine Schüler durch Eid auf hohes Berufsethos verpflichtete.

74 XANTHOS   Nach dem Besuche der Troas, des alten Lydien und Karien, verlassen wir die aegäische Küste Anatoliens und wenden uns Lykien zu, der vorspringenden Südwestküste der Türkei. Hauptstadt des Landes war das am gleichnamigen Fluss gelegene Xanthos. Seine Nekropole zeigt turmförmige Grabmäler und Gräber in Form kleiner Häuser. Die freistehenden Monumente weisen ins sechste bis fünfte vorchristliche Jahrhundert und haben ionische Formen, obschon sie wahrscheinlich von Nicht-Griechen geschaffen wurden.

75 SOEKE   Junge Mädchen in alttürkischen Trachten, die in edelgeformten Tonkrügen Wasser schöpfen in der Nähe von Söke, unweit von Priene und der Rebeninsel Samos, die nur ein schmaler Sund vom Festland trennt.

30 GROSSE LAVRA Refektorium und Brunnenhaus

31 Athos Russischer Mönch und Kloster Panteleimon

76 IN ANATOLIEN   Auf dem Wege von den Sinterterrassen Pamukkales nach Antalya an der Südküste. Sechstausend Kilometer der türkischen Grenze werden vom Meer bespült, das Marmarameer nicht einbezogen, da es ein türkisches Binnengewässer ist. Die Pontische Gebirgskette im Norden bildet mit dem Taurus im Süden den natürlichen Schutzwall des Landes, der freilich auch der Regenwolke den Weg ins Innere verwehrt, das deshalb versteppt und waldlos ist mit vielen abflusslosen salzhaltigen Seen – Der kultivierbare schmale Landstreifen zwischen Schwarzem Meer und Pontischem Gebirge ist vor allem reich an Haselnüssen; auch liefert die Nordküste Tabak, Reis und Tee, ohne sich mit der Südküste an Schönheit und Fruchtbarkeit messen zu können.

Von 1930 bis 1960 hat sich die Bevölkerung der Türkei verdoppelt und zählt heute 31 Millionen Einwohner. Zur Urbarmachung des Bodens und zur Arbeitsbeschaffung muss die Steppe immer weiter zurückgedrängt werden, und mit der Wüste verschwinden auch bald die Kamele aus der türkischen Landschaft.

78 BELKIS   Der reissende Eurymedon konnte einstmals bis Aspendos bei Belkis befahren werden. Gross war der Reichtum dieser alten Handelsstadt; ihr wohlerhaltenes Theater vermochte zwanzigtausend Zuschauer zu fassen – Vierzig Kilometer südöstlich von Aspendos fliesst der *Manavgat* [79]. Auch nach tagelangen Niederschlägen sind seine Wasser von kristallklarem Smaragdgrün. Der Strom entspringt der Seytangruppe des Taurus; seine Wasserreinheit verdankt er unterirdischen Zuflüssen.

80 ALANYA   An der nach Osten führenden Strasse am Meer liegt auch das alte Korakesion, heute Alanya. Seine Aufgabe bestand darin, Kilikien und die nach Syrien, Persien und dem Zweistromland führenden Kilikischen Tore gegen Pamphylien abzusichern. Durch diese Tore zogen einst die persischen Grosskönige und Alexander der Grosse. Heute haben sie ihre Wichtigkeit eingebüsst, da der schienengebundene Transitverkehr von Istanbul nach Bagdad durch den Taurustunnel führt.

81 ANTALYA   Vor der Südküste Anatoliens entfaltete sich das Seeräubertum schon

in der Antike, als sich Pompeius mit Piraten auseinanderzusetzen hatte wie dreizehnhundert Jahre später der Seldschukenkönig Ala-eddin-Kaiqobad, der oft in Korakesion residierte. Im Jahre 1225 errichtete er am Meer einen achteckigen Wehrturm aus roten Quadern, der seinen Namen *Kizil Kule,* Roter Turm, bis heute beibehielt. Er schützte den Hafen und die Werft, die seit siebenhundert Jahren Schiffe baut. Alanya kann sich deshalb rühmen, die älteste Schiffbauanlage der Welt zu besitzen. Das Bauholz lieferten die stolzen Zedern des Taurus – Auch das Antlitz von Antalya wurde durch Ala-eddin-Kaiqobad geprägt, der die damals bestehende byzantinische Kirche zu einer Moschee umbaute.

82 ANAMUR Hinterliess er in Alanya den Roten Turm zum Zwecke der Verteidigung, so baute er in Antalya ein Minarett zum Ruhme Allahs, das zu den schönsten dieser Art gehört. Von seiner Galerie blickt man über die Stadt des Attalos Philadelphos und des Ala-eddin-Kaiqobad, die im Osten vom Ak Dag im kilikischen Taurus, im Westen vom lykischen Taurus beschützt wird. Korsaren erkannten die strategisch bedeutsame Lage des Ortes Anamur, des früheren Anemurion. Sie errichteten an der Stelle, da Kleinasien am weitesten nach Süden reicht und der Insel Cypern am nächsten liegt, *Anamur Kalesi,* ein Meerschloss mit sechsunddreissig quadratischen und runden Türmen, die es praktisch uneinnehmbar machten.

83 SIDE liegt auf halbem Wege zwischen Alanya und Antalya; ein arabischer Geograph des 12. Jahrhunderts nennt es *Eski Antalya,* das alte Antalya. Vom 7. bis 9. Jahrhundert wurde die Stadt von ihren Bewohnern verlassen, da das Meer zunehmend Sinkstoffe an die Küste spülte.

85 TÜRKISCHE RIVIERA Um 150 v. Chr. gründete der König von Pergamon, Attalos II. Philadelphos, die Stadt Antalya, nannte sie nach seinem Namen Attaleia und erhob sie zur Kapitale Pamphyliens, der Landschaft östlich von Lykien. Bei Antalya setzt der kilikische Taurus zu einem weit nach Süden ausholenden Bogen an, der bis Tarsus reicht, wo Apostel Paulus geboren wurde. Dieser fruchtbare Landstrich,

den der Taurus vor kalten Nordwinden schützt, wird von Geographen als Türkische Riviera bezeichnet. Hier gedeihen Ölbäume, Orangen, Zitronen, Pfirsiche, Aprikosen, Mandeln und Feigen: zwei Autostunden von der steilen, tausend Meter hohen anatolischen Steppe entfernt, wo Trinkwasser kaum zu finden ist.

Cypern

Die erste Missionsreise des Apostels Paulus dauerte von 45 bis 49. Als er in Antalya an Land ging, war er begleitet von Markus und Barnabas. Dieser kam als Sohn einer jüdisch-levitischen Familie auf Cypern zur Welt, wo er im Jahre 75 den Märtyrertod erlitt.

86 KERYNIA   Prämonstratensermönche, 1120 bei Laon angesiedelt, wurden vom Königshaus der Lusignans nach Cypern berufen, wo sie 1206 in der Nähe von Kerynia an der Nordküste ein Kloster in französischer Gotik erbauten. Sie nannten es *Abbaye de la Paix,* eine Bezeichnung, die in *Bellapaïs* umgeformt wurde. Noch heute sind Kirche, Refektorium, Dormitorium und Kreuzgang mit antikem Römersarkophag gut erhalten.

88 LAMBUSA   Kultische Ampeln und uralte Ikonen: sie sind durch Kerzenrauch gedunkelt und bringen den tiefen Glauben zum Ausdruck wie die goldenen Schnitzereien über dem Ikonostas auf der Insel Chios [87]. Stellten Tempel und Säulen Symbole des frühen Griechentums dar, so waren die Ikonen Wahrzeichen der byzantinischen Zeit – Von *Famagusta* [89] an der Ostküste Cyperns sind der türkische Hafen Iskenderun und der neuangelegte syrische Hafen Lattakia leicht erreichbar, ebenso Beirut, der grösste Umschlag- und Freihafen des östlichen Mittelmeers. Famagusta besitzt den modernsten Hafen Cyperns; seine 17 Meter hohen Wälle und sein ausgebautes Seekastell mit dem berühmten Othelloturm gehören zu den eindrücklichsten

Festungsanlagen des Mittelalters. Die Sankt-Nikolaus-Kathedrale wurde im 14. Jahrhundert von den Lusignans vollendet – Die Nordküste Cyperns weist mit einer Landzunge nach Nordosten in Richtung Antakya, das 1939 wieder türkisch wurde. Nahe der heutigen Hauptstadt Nikosia liegen bei Lambusa [90] verlassene byzantinische Kirchen und Kapellen am Meere.

91 PAPHOS   Diese Stadt an der Westküste wurde nach der Überlieferung durch Agapenor gegründet, der mit seinen Begleitern nach der Eroberung Trojas auf seiner Heimfahrt im Westen Cyperns strandete. In Paphos, dem Sitz des römischen Prokonsuls, residierte im Namen des Kaisers Claudius der christliche Sergius Paulus. Dadurch wurde Cypern zum ersten Land der Oikumene, das ein Anhänger des Christenglaubens regierte – Die Fundamente des Hafenkastells von Paphos reichen in byzantinische Zeit zurück.

92 KURIUM   Unweit des Hafens Limassol an der Südküste erhebt sich die Burg Kolossi, das fast unversehrt erhaltene Ordensschloss der Johanniter auf Cypern. Westlich der Feste liegt das im 7. Jahrhundert von Griechen aus Argos gegründete Kurium, dessen Farbmosaiken an ihrem ursprünglichen Fundorte verblieben sind.

93 APHRODITEFELS   An jener Stelle, wo der gewaltige Fels aus den Wassern ragt, angenagt vom Ansturm der Gezeiten, entstieg Anadyomene den Fluten: Aphrodite, die schaumgeborene Göttin der Schönheit und ewigen Jugend. So berichtet Homer, der blinde Sänger, der uns vom Eiland der Phäaken über Ithaka, Troja und seine ionische Heimat geleitet hat bis Cypern.

[Gekürzte Fassung des Lektorats]

34 MARATHON Schlachtfeld von 490 v. Chr.

35 Hydra Zwischen Saronischem Meer und Golf von Argolis

Griechenland

Reise durch Hellas

Wir erreichen Griechenland über Korfu, das alte Kerkyra, die nördlichste und bedeutendste der Ionischen Inseln an der wohl reizvollsten Zufahrtsstrasse. Auf dieser von Homer als *Scheria* beschriebenen Insel wohnte in früher Zeit das Volk der Phäaken, dessen mythischer König Alkinoos und Prinzessin Nausikaa, seine Tochter, den schiffbrüchigen Odysseus aufnahmen und ihn von den Qualen der Irrfahrt erlösten. Wie die andern Inseln des Ionischen Archipels stand Kerkyra während vier Jahrhunderten unter venezianischer Herrschaft. In neuerer Zeit trug Korfu zur Entwicklung des modernen Griechenland bei; nach dessen Erringung der Unabhängigkeit im Jahre 1829 war es der Korfiote Kapodistria, der erster Präsident des souveränen Staates wurde.

Die unter dem Laube der Olivenbäume silberglänzenden Inseln von Paxos sind vom Südkap Korfus durch eine schmale Meerenge getrennt, und der zur grössten dieser Inseln führende Kanal weckt Erinnerungen an skandinavische Fjorde. Unweit der Steilküsten Arkadiens liegt Leukas, wo sich im sechsten vorchristlichen Jahrhundert die Lyrikerin Sappho aus unglücklicher Liebe zum schönen Phaon von einer Felsklippe stürzte. Vor Paxos ragen Kephallinia und Ithaka aus den Fluten, von denen letztere den Anspruch erhebt, die authentische Insel Homers zu sein, die Heimat des Odysseus. Dem Peloponnes am nächsten liegt Kythera, deren Ruhm die prunkvollen Festlichkeiten des Aphroditekultes begründet haben.

Das Ionische Meer bespült die westlichen Küsten der Halbinsel Peloponnes, des antiken Morea, einer gebirgigen Landschaft mit zahlreichen Hochebenen, Flüssen und mit Kunstbauwerken aus allen geschichtlichen Epochen. Wird Griechenland auch als «Mikrokosmos» bezeichnet, so gibt der Peloponnes ein Miniaturbild der griechischen Welt wieder und umschliesst seine Geschichte von der Antike bis zur Neuzeit. Die politische und strategische Bedeutung der Morea war zu allen Zeiten gross;

36
ALT-ATHEN
Mit Lykabettos,
von der Akropolis aus

hier lag die Wiege der mykenischen Kultur und ihrer Vorherrschaft, bis die Halbinsel später unter die Herrschaft der Spartaner kam. Als sie ihrem Zerfall entgegenging, versuchte Morea durch militärischen Zusammenschluss ihrer wichtigsten Städte, den Achäischen Bund, sich dem makedonischen Einfall und der Eroberung durch die Römer zu widersetzen; der glorreiche Titel «Letzter der Griechen» kam Philopoemen von Megalopolis zu. Von 1204 bis 1453 erwies sich Morea durch das Fürstentum von Mistra als letztes Bollwerk des untergehenden Hellenismus.

Den südlichsten Teil des Peloponnes nimmt das Gebiet von Mani ein, eine öde, von schroffen Felsenküsten umgebene Landzunge. Die Fläche des kultivierbaren Bodens ist hier besonders klein; das Leben der Bewohner ist hart, und ihre Sitten sind rauh. Ethnisch gehören sie der griechischen Rasse an und zeigen Merkmale der kriegerischen Spartaner, deren Erziehungsweise sie übernommen haben. In der einen oder andern Form sind sie auch der Blutrache aus verletzter Ehre, der Vendetta, treugeblieben.

Gythion ist die pittoreske Stadt im Süden von Lakonien, in dessen Golf das Inselchen Kranai liegt, wo Paris nach der Sage die schöne Helena verbarg, bevor er sie nach Troja entführte. Dieser Teil des Peloponnes wird vom mächtigen, schneebedeckten Taygetosgebirge überragt, das einem phantastischen Vorhange gleicht und sich auf Schluchten von blendender Schönheit öffnet. Im Osten senkt es sich zum idyllischen Tal des Eurotas hinab, der Sparta bewässert. Hier vermählte sich Zeus in Gestalt eines Schwanes mit der schönen Leda, die sterblich war und die ihm Helena und die Dioskuren Kastor und Polydeukes gebar. An einem Hange des Tales wurde im Mittelalter die Stadt Mistra errichtet, deren Antlitz im Verlaufe der Jahrhunderte fast unverändert blieb. An den Wänden der Paläste, Festungen und Kirchen feierte die religiöse byzantinische Malerei vor dem Verfall des mediävalen griechischen Reiches ihre Renaissance.

Das fruchtbare Messenien westlich von Lakonien reicht bis zum Ionischen Meer, an dessen Küste Alt-Pylos stand, die Stadt des Nestor. Systematische Ausgrabungen, die hier heute im Gange sind, werden der Archäologie neue Wege öffnen. Vor Pylos liegt die Insel Sphakteria, bekannt seit der Zeit des Thukydides, als Kleon auf dem Eiland 425 v.Chr. ein spartanisches Heer gefangennahm. 1827 wurde im Freiheitskrieg vor dieser Insel eine entscheidende Seeschlacht geschlagen.

Messenien ist das Land der Ebenen und der Täler und unterscheidet sich stark von Arkadien im Norden, das vorwiegend aus Bergen und Hochplateaus besteht. Die Arkadier, in deren Sprache Elemente des dorischen Dialektes nachzuweisen sind, gelten als Nachkommen der alten Dorier. Im arkadischen Tegea blieben Fragmente des Athenatempels erhalten, und das bezaubernde Vitina liegt inmitten eines grossen Tannenwaldes. An der peloponnesischen Ostküste thront das originelle Städtchen Malvoisie auf einem steilen Felsen, der aus dem Meere ragt und mit dem Festland durch eine schmale Strasse verbunden ist. Die mittelalterlichen Wohnhäuser dieser Felssiedlung sind von Festungsmauern umgeben. Die Hauptstadt Arkadiens ist Tripolis im Zentrum des Peloponnes auf einer kühlen Hochebene zwischen dem Mänalon und dem Parnon.

Verlassen wir Arkadien in nordwestlicher Richtung, so liegt zu unserer Linken die Landschaft Elis mit dem antiken Olympia, der unsterblichen Stätte, und dem Tempel des Apollon Epikurios in Bassae; zur Rechten befinden sich Korinthia und Argolis. Das Gebiet von Epidauros ist mit zahllosen, zum Teil eindrucksvollen Ruinen bedeckt. Im alten, vorzüglich erhaltenen Theater in klassischer Landschaft erklingen alljährlich im Sommer die erhabenen Dialoge der Tragödien, und hier leben die Leidenschaften der Atriden am Orte ihrer Herrschaft auf. In nächster Nähe erheben sich die Burgen von Argos, Tiryns und Mykene. Nauplia am Ende des Argolischen Golfes war vor Athen die Kapitale Griechenlands. Diese reizende Stadt wird von zwei Festungen überragt: dem zur Zeit der Venezianer und der Türken berühmten Palamidi auf steilem Felsen und der Zitadelle Akronaupolis.

Der Kanal von Korinth, den zwei Brücken überspannen, trennt den Peloponnes vom griechischen Festland. Nach seiner Überquerung fahren wir über Megara und Eleusis nach Athen, das wir von erhöhter Stelle aus zwischen den Bergen Parnes, Pentelikon und Hymettos am Meere erblicken. Inmitten der Stadt erhebt sich die unvergängliche Burghöhe der Akropolis gegenüber der felsigen Bergspitze des Lykabettos, auf dessen Gipfel die Kirche des Heiligen Georg steht. Attika heisst die Ebene rund um Athen, die bei Kap Sunion mit dem Poseidontempel endet. Dieses Kunstbauwerk bildet mit dem Parthenon auf der Akropolis und dem Athenatempel auf Aegina vor Attika das klassische Dreieck.

Vor Kap Sunion im Aegäischen Meer liegen die Kykladen kreisförmig um Delos. Naxos, Paros, Andros, Kea, Tinos, Santorin und Syros sind die wichtigsten dieser Inseln, die sich im Süden bis fast nach Kreta erstrecken. Nach Kreta auf halbem Wege zwischen Afrika und Europa gelangten die Kulturen des Ostens im Laufe ihres Vordringens nach Westen zuerst. Diese grosse Insel von herber Schönheit ist ganz von Gebirgen durchzogen; ihre Gestade sind malerisch und ihre vielen Täler von idyllischem Charme. Im archäologischen Museum von Herakleion sowie in Knossos und Phästos sind künstlerische Schöpfungen des minoischen Zeitalters ausgestellt, die sich mit jenen der klassischen Epoche durchaus vergleichen lassen.

Edelsteinen eines Diademes gleich ruhen nordöstlich vor Kreta die Inseln des Dodekanes, die Südsporaden, unter glühender Sonne kahl und felsig geworden. Rhodos, von Apollon und Athene geliebt, ist wohl die schönste; ihre Tempel in Lindos sind teilweise erhalten geblieben. Homer zählt dieses Lindos zu den drei grossen Städten, neben dem «weissen Oloosson» und dem «weissen Kameiros». Die Stadt Rhodos weist unverkennbar Spuren der fränkischen Herrschaft auf: mächtige Befestigungsanlagen mit Türmen und Ritterburgen. Nach Rhodos verdient das seltsame Patmos Interesse, wo der seherische Dichter Johannes der Apostel in einer Grotte Zuflucht fand und die *Apokalypse* niederschrieb; ferner Kalymnos, die Insel der Schwammfischer, und Kos, unter dessen gewaltiger Platane im 5. Jahrhundert die Schüler des

Hippokrates in Heilkunde unterrichtet wurden und wo heute ein Asklepiosheiligtum steht. Zum Dodekanes gehört auch Kastellorizzo, ein entzückendes Inselchen an der Südostspitze Griechenlands unweit der aegäischen Küste Kleinasiens.

Nördlich des Dodekanes liegen die zahlreichen andern Inseln der Aegäis: Ikaria mit seinen heissen Quellen; östlich davon Samos, Kultstätte der Göttin Hera und Heimat von Rhoekos und Theodoros, die als erste kunstvoll Kupfer stachen. Auf Samos begann Pythagoras das Studium der Geometrie, nachdem ihn die Lehre Heraklits von der Harmonie dazu angeregt hatte. Die von Laubengängen beschattete Insel Chios ist erfüllt vom Dufte wohlriechender Bäume, aus deren Rinde der köstliche Mastixharz gewonnen wird. Die durch Alkaios und Sappho berühmt gewordene Insel Lesbos gleicht einem einzigen Olivenhain, und auf Lemnos war Philoktetes ausgesetzt, bis ihn Odysseus und Neoptolemos nach Troja brachten. In nordöstlicher Richtung liegt Samothrake, wo die prächtige *Nike* gestaltet wurde, die sich heute im Louvre befindet. Nachdem wir in kurzer Entfernung die Insel Thasos, ein Kleinod der Aegäis, besucht haben, fahren wir nach den nördlichen Sporaden, wo wir auf Skiathos verweilen, dessen Gestade goldgelb schimmernder Sand bedeckt.

Nach den beiden Inseln Skopelos und Skyros kommen wir zum grossen Euböa, dem Negroponte des Mittelalters. Seine Hauptstadt Chalkis liegt am schmalen Kanal von Euripos, der Euböa von Böotien trennt und in dem nach der Sage Aristoteles ertrunken sein soll. Zur Zeit Hesiods war Chalkis die Hauptstadt der frühen griechischen Welt.

Wir verlassen nun die Inselwelt der Aegäis und betreten das griechische Festland. In Theben lauschen wir an einer Wasserleitung aus alter Zeit den Klagen des Oedipus, der sich in Verzweiflung die Augen ausstach, und hören das leise Seufzen der sanften Antigone, die in blühender Jugend starb. In der Nähe des Kithairongebirges erhebt sich der Helikon, der den Musen heilig war. Am Fusse dieses böotischen Berges dehnt sich eine fruchtbare Ebene, auf der sich Plantage an Plantage reiht.

In Böotien liegen die Städte Chaironeia und Orchomenos, wo Mithridates von Sulla im Jahre 86 v.Chr. geschlagen wurde. Dort finden wir auch das Schatzhaus des Königs Minyas und das Heiligtum der Chariten. Im Südosten von Doris und Phokis unweit Böotiens erhebt sich der Parnass, der legendäre Sitz der Musen. An seinem Fusse überblicken wir das prächtig gelegene Delphi, das von tiefen Schluchten durchschnitten wird und von schneebedeckten Gipfeln gekrönt ist. Weiter östlich erreichen wir Phthiotis und Thessalien, die Ruhm erlangten, als Leonidas 480 v.Chr. mit dreihundert Spartanern an den Thermopylen die Heere des Xerxes aufzuhalten versuchte. Im Westen liegt das gebirgige Eurytanien mit seinen Kastanien- und Tannenwäldern, während Aetolien reich an Seen und Lagunen ist. Glanz überstrahlte in neuerer Zeit seinen Hauptort Mesolongion, als die von türkisch-ägyptischen Truppen belagerten Einwohner während des Befreiungskampfes im Jahre 1826 einen heroischen Ausfall versuchten.

Die durch Mesolongion führende Strasse beginnt in Athen; sie folgt den Küsten des Saronischen Golfes vor der historischen Insel Salamis, überquert den Kanal von Korinth und zieht sich längs der Gestade des Peloponnes bis nach Rhion hin, wo die Fahrzeuge verladen werden und an Bord einer Fähre über die schmale Meerenge setzen. Am andern Ufer führt die Strasse hinauf nach Akarnanien, an den Seen Lysimachia und Trichonias vorbei. Jenseits des Flusses Acheloos, über den eine moderne Brücke führt, erreichen wir das Fischerstädtchen Amphilochia, den innersten Punkt des Ambrakischen Golfes. Von hier an windet sich die Strasse längs eines steilen Bergzuges und mündet in die fruchtbare Ebene von Arta. Nach der historischen Brücke über dem Arachthos, der von der Volksmuse gefeiert wurde, gelangen wir zum Flusse Luros; durch gewaltige Engpässe hindurch nähern wir uns der Hochebene von Ioannina im Zentrum von Epirus, wo eine der schönsten Reisen durch Hellas zu Ende geht. Die Stadt Ioannina war Ende des 18. Jahrhunderts Residenzort des türkisch-albanischen Despoten von Epirus Ali Pascha. Sein Schloss, die Moschee, die alten osmani-

38 Thera Steilküste und Kraterwand

39
Ostkreta
Dreschende
Bäuerin

40
Chios
Nach dem
Kirchgang

41 DELOS
Einer der fünf
archaischen
Löwen

42
Naxos
Marmorbruch

43
Naxos
Unvollendete
Statue bei
Apollona

44 PAROS Kastell auf antiken Säulentrommeln

45 NAXOS Rohbehauene Statue

46 Paros
Glocken symbolisch im Baumgeäst

47 Paros
Fischerhafen Naussa

schen Häuser und der reizvolle See mit dem sagenumsponnenen Eiland verleihen der Stadt ein romantisches Gepräge. Südlich Ioannina entdecken wir in der Landschaft Epirus die Stätte des ältesten Orakels Griechenlands, das Sanktuarium Dodona, dessen antikes Theater restauriert wurde. In Thesprotien stehen wir am Flusse Acheron und am acherusischen Sumpfsee, wo nach dem Glauben der Alten der Fährmann Charon die Seelen der Verstorbenen erwartete, die ihm Hermes brachte, damit er sie in die Unterwelt geleite. Südlich Thesprotien in der Nähe des Ambrakischen Golfes ragen die Ruinen der Stadt Nikopolis, die Augustus zur Feier des Sieges seiner Flotte über Antonius und Kleopatra hatte errichten lassen. Durch das schluchtenreiche Tal des Kalamas gelangen wir nach Igumenitza, von wo aus wir mit der Fähre in zwei Stunden Korfu erreichen.

Wenn wir die Reise durch Griechenland fortsetzen wollen, kehren wir nach Ioannina zurück und schlagen den Weg durch das grandiose Kataratal in Richtung Nordthessalien ein, in dessen einzigartiger Landschaft wir verweilen. Auf gewaltigen Felsen liegen hier die byzantinischen Klöster der Meteoraberge, zu denen die Mönche früher in Körben emporgezogen wurden, während heute Treppen zu den Gipfeln führen. Gegen die Aegäis hin findet Thessalien im Osten seine Fortsetzung in der Halbinsel Magnesia mit dem Pelion, wo zahlreiche Obstbaumarten gedeihen und herrliche Strände einladen, nach innen dem Golf von Volos entlang, nach aussen vor dem Aegäischen Meer.

Saloniki am Ende des Thermäischen Meerbusens ist die Kapitale Makedoniens und zweitgrösste Stadt des Landes. Sie war schon immer gross und mächtig gewesen und lag an der bedeutenden Heerstrasse der Römer und Byzantiner, der Via Egnatia, die eine Verlängerung der Via Appia quer durch die Balkanhalbinsel war und sich den Küsten des Bosporus entlang bis nach Byzanz hinzog. Saloniki ist in gewissem Sinne ein byzantinisches Museum geworden, zugleich eine moderne internationale Grossstadt in der Nähe der Länder nördlich des Balkan und Mitteleuropas.

Südlich von Saloniki dehnt sich die attraktive Chalkidike, die in drei Teile ausläuft mit den Vorgebirgen Kassandra, Sithonia und Athos. Die berühmte Mönchsrepublik des Athos untersteht einem griechischen Gouverneur, ist jedoch in der internen Verwaltung unabhängig und mit der alten Klosterstadt des Tibet vergleichbar. Im Jahre 963 gründete der Heilige Athanasios die Grosse Lavra, eine Dependenz des Patriarchats von Konstantinopel. Durch grosszügige Schenkungen aus allen Teilen der Welt wurden die Klöster auf Chalkidike immer zahlreicher, und es entstanden Dionysiu, Stavronikita, Vatopedi, die serbische Abtei Chilandari und die russischen Monasterien Panteleimon und Karakallu. Der Athos ist der Heiligen Jungfrau geweiht, doch ist der Zugang Frauen verwehrt.

Auf dem Wege nach Giannitsa treffen wir auf die Ruinen der antiken Hauptstadt Makedoniens, Pella, des Geburtsortes Philipps II. und Alexanders des Grossen. Bei Ausgrabungen in jüngster Zeit wurden hier faszinierende Mosaiken freigelegt. Die Hauptstrasse nach Ostmakedonien führt in das Gebiet von Serrae, das jährlich die *Anastenaria*-Feste zu Ehren des Heiligen Konstantin und der Heiligen Helena begeht: Huldigungen, die auf alte heidnische Feierlichkeiten zu Ehren des Dionysos zurückgehen. Nach Serrae ziehen wir am Orte Drama vorbei in Richtung des Meeres zu der amphitheatralisch angelegten Stadt Kavalla, heute Zentrum der Tabakindustrie. Zwischen diesen beiden Städten liegen die Ruinen von Philippi, in dessen Nähe Marcus Antonius und Octavianus 42 v.Chr. die historische Schlacht gegen Brutus und Cassius, die Assassinen Caesars, gewannen.

Das östliche Thrakien mit den Grossstädten Adrianopel und Konstantinopel ist türkisch. Der griechische Teil wird von den Flüssen Hebros und Nestos durchzogen und ist vom mächtigen Gebirge Rhodope überragt, auf dem zahlreiche byzantinische Klöster errichtet waren. In Westthrakien und im Dodekanes lebt eine zahlenmässig geringe türkische Minderheit, und Moscheen mit Minaretten in muselmanischem Stil sind nicht selten; Alexandrupolis und Suflion sind hier die wichtigsten Städte.

Von Kastanea aus, dem äussersten Punkt des nordwestlichen Griechenland, sind in der Ferne die Minarette von Adrianopel sichtbar. An dieser Stelle schliesst an das Rhodopemassiv die Gebirgskette des Hemos, vor dem sich weite Tabak-, Getreide- und Heliotropkulturen ausdehnen. Wie die Legende berichtet, zog nach bacchantischem Gelage eine Schar vom Rhodope aus, Griechenland zu erobern, und aus der heiligen Trunkenheit des Weingottes Bacchus sollen die griechischen Komödien und Tragödien hervorgegangen sein. In dieser Landschaft besänftigte Orpheus mit seiner Leier die wilden Tiere; hier auch gaben sich die byzantinischen Priester in ihren Eremitagen dem asketischen Leben hin.

Die unvergängliche Legende

Die griechische Mythologie geht auf die frühesten Epochen der Vorgeschichte zurück; sie wurde während der christlichen Ära umgebildet, den Christen und ihren Bräuchen angeglichen und lebte später in der Folklore fort. In unvergleichlicher Vielfalt bringt sie die tiefsten Verwurzelungen des menschlichen Wesens zum Ausdruck. Bald beruht sie auf den allen Völkern gemeinsamen Anschauungen, bald auf den alten östlichen Religionen, die sich im Mittelmeerraume entwickelt haben; doch immer verrät sie ihren hellenischen Ursprung und die Art, wie die Griechen sie aufgefasst und verändert haben.

Die mykenische Religion ist eine sehr alte hellenische Glaubensform, die sich wie bei vielen Völkern im Ahnenkult äussert und sich auf das grosse Rätsel des Todes gründet. Die Verstorbenen erweckten Bangnis, Ehrfurcht und Andacht; man äscherte sie selten ein. Die sterblichen Hüllen von Herrschern und Würdenträgern wurden in prächtigen Gräbern bestattet, die mit Schmuck, Waffen und Gebrauchsgegenständen versehen waren. Bedeutende Schatzhäuser solcher Gräber sind in Mykene entdeckt worden, wo die grausame Dynastie der Atriden herrschte, und in Orchomenos, wo der sagenhafte König Minyas über das Volk der Minyer gebot, das sich im Laufe der mykenischen Zeit nach dem nördlichen Böotien ausbreitete. Gleichzeitig mit dem Ahnenkult entfaltete sich, besonders auf Kreta, der Kult der weiblichen Gottheit, einer mächtigen, die Fruchtbarkeit symbolisierenden Kraft. In den kretischen Sanktuarien herrscht die Schlangengöttin vor, die viele Wesenszüge annimmt und mehrere Namen trägt: Diktynna, Britomartis, Aphaea, die zu der mit Lanze und Schild bewehrten, im Ölbaumschatten sitzenden Artemis oder Diana wird. Später tritt an ihrer Stelle Athene in Erscheinung, die in Athen verehrte Göttin der Weisheit und der Künste, von den Römern der Minerva gleichgestellt.

Mythologie und Überlieferung fehlen bei dieser Religion fast ganz, und sie offenbart sich allein in archäologischen Funden. Zur Zeit Homers und Hesiods wurde sie durch zahlreiche Kulte ersetzt, wich jedoch nicht aus der hellenischen Vorstellungswelt und aus dem tiefen Bewusstsein des Volkes. Hesiod, der Vater des epischen Lehrgedichts, hinterliess uns die *Theogonie,* ein Werk über die Entstehung und Herkunft der olympischen Götter. Homer beruft sich auf dieselben Götter, obschon seine Epen *Ilias* und *Odyssee* die Welt des zweiten vorchristlichen Jahrtausends zum Inhalt haben. Mehrere hundert Jahre nach den Ereignissen, von denen er berichtet, schreibt der Dichter in der Sprache seiner eigenen Zeit und schöpft zahlreiche Begebenheiten aus der Welt, die ihn umgibt. Die hellenische Religion erhält bereits ihr endgültiges Gepräge, und ihre Mythologie ist klar bestimmt.

Durch den starken Einfluss, den die Epen Homers auf die gesamte Antike während Jahrhunderten ausübten, wurde diese Götterlehre vom Ausdruck und von der Bedeutung der klassischen Kultur durchdrungen. Wie bei den andern indogermanischen Völkern war auch die anfängliche Glaubensform der Griechen zweifellos naturalistischer Art. Nach der vorherrschenden Theorie galt die Sonne im Altertum als Zentrum des Universums, und die alten Mythen wurden durch Naturphänomene erklärt. Später kleideten die Griechen solche Erscheinungen von Himmelskörpern in die Form von Sagen. Zeus verkörperte für sie das weite Himmelsgewölbe, Poseidon das unendliche Weltmeer, Apollon die Sonne, Artemis den Mond und Hephaistos das Feuer. In der Folge versinnbildlichten die Götter in höchstem Masse Tugenden und Laster des Menschen; gleichzeitig verwandelte sich die Mythologie in eine sittliche Ordnung, und der griechische Rationalismus stellte die Beziehung zwischen Ursache und Wirkung her. Wenn auch die Götter fortfuhren, erhabene Werke zu vollbringen, welche die menschlichen Kräfte überstiegen, schrieben die Griechen sie nicht geheimnisvollen Eigenschaften zu, sondern einem unerschöpflichen Willen und einer unbesiegbaren Allmacht. So wurde in der griechischen Antike alles auf menschliches Ermessen zurückgeführt und auf der Grundlage einer logischen Harmonie geordnet, um die sich die Griechen immer bemüht haben, bis auf das Universum selbst, das sich auf diese Weise nicht erfassen liess.

Das in den unwirtlichen Gebirgen des Epirus im Schatten des Tomaros liegende Dodona scheint auch heute von der Allgegenwart des pelasgischen, uralten Zeus und der Gottheit Dione zu zeugen. Dodona gilt als die Wiege der Urhellenen, deren Name von den Sellonen abgeleitet sein soll, den frühesten Bewohnern Dodonas. Diese lebten in rauhem Lande und führten ein beschwerliches Dasein. Während der Zeus von Olympia eine hochentwickelte Kultur vertritt, ist jener von Dodona ein primitiver, derber Gott.

Das malerische Tal von Olympia auf dem Peloponnes wird von Pindar «Mutter des goldgekrönten Kampfspiels» genannt. Es ist zwischen die nicht sehr hohen, harmonischen Bergrücken des Kronos eingebettet und wird vom Kladeos bewässert. In dieser idyllischen Landschaft wurden die Olympischen Spiele ausgetragen, deren Begründer Herkules war. Diese bestanden in erster Linie aus sportlichen Wettkämpfen in der Arena; doch wurden ausser den körperlichen auch geistige und künstlerische Fähigkeiten gemessen. Dichter und Prosaiker rezitierten aus ihren Werken, und Komponisten führten Musikschöpfungen auf. In Olympia las Herodot aus seiner *Historia* vor und brachte hier sein berühmtes Werk erstmals an die Öffentlichkeit. Die Zuschauer waren nicht Griechen allein; die ganze hellenische Welt war versammelt. Von den reichen Besitzungen an den Küsten des Mittelmeeres, den entfernten Gebieten des Asowschen Meers, von Gibraltar und selbst aus dem kalten Skythien strömten die Fremden herbei.

Wurde in Olympia der hellenisierte Zeus verehrt, so feierte man in Delphi Apollon, den Gott des Lichtes und der Weissagung. Diese Stätte, in deren Ruinen sich zahllose Kunstwerke befinden, liegt in einem Gebiete von wilder Grösse am Fusse des Parnass. Nach der Sage tötete Apollon in Delphi den gewaltigen Drachen Python, was den Sieg des Lichtes über die dunklen, verheerenden Mächte symbolisiert. Zur Aufbewahrung der Kostbarkeiten, die diesem Gotte geweiht waren, errichteten die Bewohner Athens, Naxos', Siphnos' und anderer Inseln rund um den Apollontempel Bauwerke von grosser Pracht. Wie Olympia war Delphi ein magisches Zentrum, ein Ort der Annäherung unter den Völkern bis zur Zeit Theoderichs des Grossen.

Apollon war auch Gott der Insel Delos. Hier hatte Leto Zuflucht gefunden vor Hera, der Gattin des Zeus, die sie verfolgte, und brachte die beiden Zwillinge Apollon und Artemis zur Welt. Das unweit von Mykonos in der Inselgruppe der Kykladen gelegene Delos war im Altertum nicht nur eine dem Gotte des Lichtes geweihte Stätte des Kults, sondern auch bedeutender Knotenpunkt des Schiffsverkehrs und des Handelsaustausches zwischen Orient und Abendland.

In Argos standen berühmte Heratempel. In frühester Vorgeschichte schon hatte sich der Kult der Hera auf die Insel Samos und die Stadt Perachora am Isthmus von Korinth verbreitet. In ihrer ersten, indogermanischen Gestalt verkörpert Hera die Erde, welche Wurzeln treibt, Pflanzen hervorbringt und Menschen und Tiere ernährt. Später wurde sie die Göttin der Ehe, die Beschützerin des häuslichen Herdes; sie sucht den Treulosigkeiten ihres Gatten ein Ende zu setzen, indem sie diese grausam rächt, wie das Schicksal von Semele, Io und Leto zeigt.

50 Ios Oberstadt

51 Ios Kapellen und terrassierte Weinhänge

Athene, Sinnbild der Weisheit, wurde auf der Akropolis von Athen gepriesen. Ihr war der Parthenon geweiht, das gewaltigste Monument der Antike, ein glanzvolles Zeugnis der hellenischen Pracht des 5. Jahrhunderts; geschaffen wurde der Tempel von den berühmten Architekten Iktinos und Kallikrates und dem genialen Bildhauer Phidias. Das heilige Attribut der Athene war die Eule, dasjenige von Zeus der Adler, von Hera der Pfau und von Aphrodite die Taube. Nach der Sage der Hellenen ist Athene dem Haupte des Zeus entsprungen, während er aus seinem Schenkel Dionysos gebar, den Sohn der Semele und Gott der heiligen Orgien.

Asklepios, Gottheit der Heilkunst, wurde an mehreren Orten gefeiert. Epidauros in Argolis, Trikka in Thessalien und die Insel Kos im Dodekanes besitzen die schönsten seiner Heiligtümer. Aus allen Teilen der damaligen Welt strömten die Kranken zu diesen Tempeln, um von den Priestern geheilt zu werden, welche die Vorgänger der heutigen Ärzte waren. Ihre Behandlung erfolgte durch Beschwören und Anrufen des allmächtigen heilenden Gottes und durch empirische Pflege. Die Schlange als Symbol der Klugheit war eines der Wahrzeichen des Asklepios.

Dem Gott des Meeres, Poseidon, wurde besonders auf Morea Verehrung zuteil, in den Randgebieten des Isthmus von Korinth, in denen die Isthmischen Spiele gefeiert wurden. Andere klassische Festspiele fanden bei Nemea statt, wo nach der Sage Herkules den legendären Löwen erschlug. Der Dionysoskult hat seinen Ursprung in vorgeschichtlicher Zeit und soll in den Wäldern Thrakiens entstanden sein; er dehnte sich auf ganz Griechenland aus und führte auf Attika zur Geburt der Tragödie. Erster Ausdruck der Lobpreisung dieses Gottes war der Dithyrambus, eine heilige Hymne auf Bakchos, den Gott der Trauben und des Weines. Aus dieser Urform ging die Tragödie hervor, die vollkommene literarische Schöpfung der Klassik.

Demeter, die Verkörperung der Erde, und ihre Tochter Persephone als Herrscherin der Unterwelt stellten die Gottheiten von Eleusis dar. Der tiefste Sinn der Mysterienkulte in Eleusis ist noch heute unergründet, wie auch jener der Geheimnisse der Kabeiren in Samothrake nach wie vor der Enthüllung harrt. Arkadien, das Reich des Pan, des Gottes der Wälder und der Hirten, war zugleich Schutzgebiet der jungfräulichen Jagdgöttin Diana. Diese wurde auch in Ephesus in Ehren gehalten, wo ihr Tempel eines der Sieben Weltwunder war, bevor er durch Herostratos in Brand gesteckt wurde. Versinnbildlichte Diana zunächst das Mondlicht, so wurde sie später zur Verkörperung des Mondes, wie ihr Bruder Apollon jene der Sonne war.

Hestia herrschte als Schutzgöttin des Glücks der Familie; Ares war der Gott des Krieges. Die Gottheit der Liebe und der ewigen Jugend, Aphrodite, gebot besonders über den Südosten der Mittelmeergebiete, über die Inseln vor den Küsten Kleinasiens und Cypern, wo sie nahe bei Paphos als Anadyomene dem Meere entstieg. Hermes, der Götterbote, war Beschützer des Handels und Gott der Redekunst; auch geleitete er die Seelen der Verstorbenen in den Hades, dessen Herrscher Pluto war.

Das hellenische Pantheon war der Sitz zahlreicher Götter, Dämonen und Geister, um die sich ein Gewebe von Legenden spann. Doch zeigt es sich, dass diese Sagen ewige Wahrheiten enthalten und dass sie die Erfahrungen des Lebens in feinsinniger Erzählung zum Ausdruck bringen. Das Volk, dem sie zugeschrieben werden, war darauf bedacht, das Unumstössliche des irdischen Daseins in klarer Weise festzuhalten. Der ursprüngliche Stoff hätte ebensogut von rein folkloristischer Bedeutung bleiben können; doch weist seine künstlerische Umformung grossen Ideenreichtum auf und ist durch Tiefgründigkeit der Gedanken gekennzeichnet. So gewann die Sage des Prometheus, des «ersten politischen Gefangenen der Geschichte», ihre sittlichen Werte erst, als der umfassende Geist des Aeschylus der Parabel die universale Tragweite verlieh.

Das historische Schicksal

Die griechische Geschichte als eine der reichsten der Völker beruht vor allem auf der Widerstandskraft der Hellenen. Sie liessen sich nicht wie die Akkader, Elamiter, Hethiter und Awaren durch die zahllosen Angriffe ihrer Feinde unterjochen; sie erinnerten sich stets ihrer Herkunft und bewahrten ihr nationales Bewusstsein ungeachtet der Heimsuchungen, die sie betroffen haben. Gewiss wandelte sich ihr Denken im Laufe der Epochen und unterscheidet es sich heute von jenem ihrer Ahnen. Doch treten gemeinsame Charakterzüge auf vielen Gebieten zutage und weisen darauf hin, wie sehr eine Kontinuität die Gegenwart mit der Antike verbindet.

Die geographische Lage Griechenlands spielte eine beherrschende Rolle in seiner Geschichte. Die zahlreichen Inselgruppen, die den grössten Teil seines Territoriums bilden, hatten von jeher überragende Bedeutung als Drehscheibe des maritimen Verkehrs und stellten eine konstante Brücke dar zwischen den drei Kontinenten der antiken und der mittelalterlichen Welt. Die Urbewohner von Kreta und nach ihnen die Griechen waren die unangefochtenen Herrscher der Meere. Sie erweiterten die Grenzen ihres Reiches und verliehen ihm Festigkeit. Während sich die Phönizier darauf beschränkten, Handelshäfen und Schiffahrtszentren zu bauen, errichteten die Griechen mächtige Anlagen von grosser Dauerhaftigkeit. Gegen Ende des zweiten und zu Beginn des ersten vorchristlichen Jahrtausends besiedelten sie die Mittelmeerküsten mit kraftvollen Kolonien: am Schwarzen Meer, an den Küsten Kleinasiens, auf den Inseln Unteritaliens und auf Sizilien.

Über die Wanderungen der hellenischen Stämme in die Gebiete, in denen sie sesshaft wurden, liegen keine schlüssigen Beweise vor. Doch gilt als sicher, dass im Laufe des zweiten Jahrtausends vor Christus die Indogermanen den südöstlichen Mittelmeerraum überfielen, ihn besetzten und sich an den Orten ihres späteren zivilisierenden Wirkens niederliessen: als erste die Achäer, gefolgt von den Ioniern, Aeolern und Doriern. Diese Völker liessen bald unterschiedliche Charaktereigenschaften und Fähigkeiten erkennen, obschon sie derselben Rasse angehörten. Zu Beginn des 12. Jahrhunderts waren diese Wanderbewegungen praktisch abgeschlossen.

Die Verschmelzung der Achäer mit der Urbevölkerung Griechenlands führte von 1700 bis 1400 v. Chr. zur ersten mykenischen Kultur. In dieser Phase ist der Einfluss der Kreter auf alle Lebensbereiche der Völker des griechischen Festlandes gross. In spätmykenischer Zeit, von 1400 bis 1200, schwächte sich dieser Einfluss ab, während sich zu gleicher Zeit die Macht der Achäer festigte. Bedeutende Spuren aus der zweiten mykenischen Epoche finden sich heute in Mykene und in Tiryns auf dem Peloponnes. Bis tief ins 19. Jahrhundert wurde angenommen, die sogenannte mykenische Kultur habe lediglich in der Vorstellung Homers bestanden. Im Jahre 1868 wurde jedoch die Existenz der historischen Stadt Troja nachgewiesen, und die Ausgrabungen in Mykene, Tiryns und Orchomenos offenbarten unwiderlegbar die Homerische Welt.

Nach dem Zerfall von Mykene wurde Argos zur führenden Polis und lenkte in der ersten Hälfte des 7. Jahrhunderts das Schicksal der Griechen unter der Herrschaft des mächtigen Königs Pheidon, der die Waage erfand und ein einheitliches System für Masse und Gewichte einführte. Nach seinem Tode löste sich auch Argos auf; es war nun Sparta, das die Macht auf dem Peloponnes an sich riss und sich allmählich die dominierende Stellung in ganz Griechenland sicherte. Der Lebensstil der Spartaner gründete auf Genügsamkeit, Militarismus, extremen Patriotismus und auf Verachtung des Todes; auch lehnten sie alles ab, was ihren rigoristischen Rationalismus hätte hemmen können.

Während Sparta dorische Züge aufwies, verdankte Athen, das sich zu gleicher Zeit entfaltete, dem ionischen Geiste das Gedeihen der Künste und der Schöpfungen des Intellekts. Da Homer als Bürger von Smyrna galt, waren es in der Tat die Ionier Kleinasiens, die das Epos schufen, die Philosophie und die Geschichte. Kleinasien war auch die Heimat von Thales, Anaxagoras, Heraklit, Anaximandros und Anaximenes, wäh-

54
PATMOS
Hafen Skala,
vom Kloster a

55
PATMOS
Heilige Grotte
des Yoannis
Theologos

56
Patmos
Glocken der
Hagia Anna

rend Hekataios der Vorgänger des Doriers Herodot war. In Attika pflegten die Ionier das Drama; Thespis, Aeschylus, Sophokles, Euripides schrieben die klassischen Tragödien, und Aristophanes war der berühmteste Komödiendichter Athens.

Dieses Athen stützte seine Macht auf die Beherrschung der Meere. Die Kultur der griechischen Antike, die Grundlage des Humanismus der Neuzeit, ist vorwiegend ionischen, also athenischen Ursprungs. Im 5. und 4. Jahrhundert vor Christus war Athen das Herz der zivilisierten Welt und wirkte magisch auf alle Richtungen des Geistes. Die Blütezeit des «hellenischen Mirakels» dauerte mehrere Jahrzehnte, von ungefähr 490 bis 400 v. Chr. Dem illustren Staatsmanne Perikles verdankte die griechische Welt die überragende Förderung der Künste, der Literatur, der Architektur [Akropolis] und den Aufstieg Athens zum Weltruhm seiner Zeit.

Doch der Neid Spartas und sein unvorsichtiges Verhalten führten in der Folge zum Peloponnesischen Krieg, der 27 Jahre dauerte und den Athen gegen Sparta verlor. Dieses Ringen brachte der hellenischen Bevölkerung grosse Verluste, verwüstete ihr Land und liess Athen zu einer Macht zweiten Ranges werden. Es ging aus dem Bürgerkrieg so sehr geschwächt hervor, dass es auf einen Wiederaufstieg durch eigene Kraft nicht hoffen konnte. Auch die kurze Vormachtstellung der Thebaner änderte an dieser Lage nichts.

Durch die Wahrnehmung der Vorteile wechselnder politischer Konstellationen gelang es Makedonien, dem nördlichen Griechenland, sich an die Spitze der hellenischen Welt zu stellen, nachdem es durch König Philipp II. neu geordnet worden war. Alexander, dessen Sohn, begann die Verwirklichung des kühnen Planes seines Vaters: er leitete den gigantischen Feldzug zur Vernichtung der persischen Könige ein. Diese Ausschaltung der medischen Gefahr stellte gewissermassen den Gegenschlag Europas gegen Asien dar. Alexander brach mit seinen Truppen zur Küste von Troas auf, schlug am Flusse Granikos eine Schlacht, durchquerte Phrygien, unterwarf Kleinasien, eroberte Ägypten, Syrien, Babylonien und erreichte den Persischen Golf, um bald darauf nach dem fernen Indien vorzustossen, indem er die Heere einsetzte, die er in den besiegten Ländern hatte ausheben lassen.

Als Alexander im Jahre 323 v.Chr. in Babylon im Alter von 33 Jahren starb, zerfiel sein Weltreich in zahlreiche Teile, die zu neuen griechischen Staaten wurden: Die Dynastie der Ptolemäer nahm Ägypten, die der Seleukiden Syrien, die Attaliden teilten sich Pergamon zu, während Antipatros und seine Nachkommen fortfuhren, über Makedonien und das griechische Festland zu herrschen. So brach die neue, sogenannte hellenistische Epoche an. Griechisch wurde die gemeinsame Sprache der Mittelmeerländer, und viele Völker nahmen die griechische Kultur auf, die sich bis nach Afghanistan, Belutschistan und Hindustan ausbreitete. Daraus ging jene bedeutende Einheit hervor, die zum Wegbereiter des Römischen Weltreichs wurde, das wenige Jahrhunderte später dort entstand.

In Latium entwickelte sich eine Sparta vergleichbare kriegerische Macht, die sich gewaltsam über die italische Halbinsel ausdehnte und nach allen Richtungen der damaligen Welt vorstiess. Rom unterdrückte jeden Widerstand in den angrenzenden Gebieten, stürzte die kleinen griechischen Fürstentümer in Süditalien und Sizilien und vernichtete Karthago, das ihm durch die Feldzüge Hannibals schwere Wunden geschlagen hatte.

Dem Aufstieg der Völker von Epirus unter König Pyrrhos war nur kurze Dauer beschieden. Rom unterwarf Epirus, Makedonien und Thrakien, um schliesslich bis nach dem griechischen Festland vorzudringen. Die Zerstörung Korinths durch Lucius Mummius im Jahre 146 bedeutete das Ende der geschichtlichen Rolle Griechenlands, das als Provinz unter dem Namen *Achaia* der römischen Herrschaft unterstellt wurde. Sein sittlicher und geistiger Einfluss gewann jedoch zunehmend an Bedeutung und führte zur Bildung der griechisch-römischen Kultur bis zur byzantinischen Zeit.

Mit den Anfängen des Christentums kam die Wende im Schicksal Griechenlands. Es war die griechische Sprache, durch welche die neue Religion auszustrahlen begann, die in einer hellenisierten Welt entstanden, gewachsen und stark geworden war. Die grossen Wirren der römischen Kaiserzeit, die zum Untergange des Weströmischen Reiches im Jahre 476 der christlichen Zeitrechnung führten, hatten eine Neubelebung des Hellenismus mit sich gebracht.

Als Konstantin der Grosse an der Grenze Asiens und Europas ein neues Rom zu gründen beschloss, bewog ihn militärisches Denken; denn die von den Römern besetzten Gebiete in Asien und Afrika waren unermesslich. Der Kaiser ahnte kaum, dass er mit der Errichtung dieser Stadt, des späteren Konstantinopels, ein neues geschichtliches Zeitalter eingeleitet hatte.

Nach dem Untergang des Weströmischen Reiches übernahm Ostrom Regierung und Verteidigung der westlichen Provinzen. War der Hellenismus im Reiche des römischen Kaisers Justinian im 6. Jahrhundert schon stark fortgeschritten, so wurde er hundert Jahre später beherrschend, und Kleinasien erwies sich als unerschöpfliche Quelle der Stärkung für die ekklesiastische Hierarchie. In diese Zeit fallen die islamischen Eroberungsversuche, und die Abwendung der arabischen Angriffe oblag nun den christlichen Griechen. Unter Führung der kleinasiatischen Kaiserdynastie der Isaurier gelang es ihnen, diese Gefahr im Laufe des 8. Jahrhunderts zu bannen.

Das Byzantinische Reich begann im Jahre 330 unter Konstantin I. und ging 1453 mit der Eroberung Konstantinopels durch die Türken zu Ende. In dieser bewegten und oft düsteren Zeit fehlte es nicht an unrechtmässigen Thronfolgen, und feindliche Einfälle waren zahlreich. Ebenso zahlreich waren Zeugnisse des Edelmutes, trotz der unablässigen Kämpfe, in die das Volk verwickelt war. Das Byzantinische Reich wusste sich beneidet und belauert, doch war es sich seiner doppelten Sendung immer bewusst: die vom klassischen Griechenland ererbte Kultur zu bewahren und den Geist des Christentums leuchten zu lassen.

Während elf Jahrhunderten war das Byzantinische Reich ein Leitstern für die Völker. Die Kreuzfahrer führten schliesslich die Gärung herbei. Das trifft besonders für den

Vierten Kreuzzug zu, der vor den Mauern Konstantinopels abgebrochen wurde und dessen religiöse Ziele unerfüllt blieben. Angesichts der geschwächten Lage der Stadt verzichteten die Kreuzritter auf das weitere Vordringen nach Asien, wo ihre Vorgänger schwere Verluste erlitten hatten. Sie beschlossen die Erstürmung der Stadt und die anschliessende Gründung des lateinischen Kaisertums der Balduiner. Die fränkische Besetzung breitete sich in der Folge über ganz Griechenland aus. Einzelne Staaten versuchten dem erneuten Einfall Widerstand entgegenzusetzen, so das Kaisertum Nikäa, das Konstantinopel zurückzuerobern vermochte. Andere jedoch, wie das Despotat von Epirus, das Kaiserreich Trapezunt und das Fürstentum Morea, konnten den militärischen und politischen Zerfall nicht verhindern. Die Venezianer hatten ihre Stellung an den Küsten und auf den Inseln Griechenlands gesichert und ihre Macht so geschickt erweitert, dass die Türken lange Kriege gegen sie führen mussten, um sie zum Verzicht auf ihre Eroberungen zu zwingen. Auf den Ionischen Inseln hielten sie sich bis zur englischen Besetzung, die nach dem Fall Napoleons I. erfolgte.

Das 18. Jahrhundert war für Griechenland die Epoche der Aufklärung. Durch ihren Unterricht riefen die grossen Erzieher des Landes die Erinnerung wach an die Kultur seiner Ahnen; sie bereiteten die Griechen auf den Aufstand vor, der 1821 ausbrach und ihre Unabhängigkeit zum Ziele hatte. Die Heldentaten des griechischen Volkes in diesem Konflikt können mit dem Heroismus der Antike und des Mittelalters verglichen werden. Der Krieg endete 1829 mit der Befreiung eines kleinen Teils des hellenischen Gebietes, dem es gelang, von Russland, England und Frankreich als autonomer Staat anerkannt zu werden.

Diese freie griechische Nation formierte sich, sicherte ihr Bestehen als sozialer Kern und bemühte sich, andere hellenische Landesteile von der osmanischen Herrschaft zu befreien. Nachdem sie die für ihre neue Lage unvermeidlichen Wechselfälle überstanden hatte, wuchs sie von 800000 Einwohnern des Jahres 1831 zum heutigen Staate mit über acht Millionen Menschen heran.

59 RHODOS Lindos mit Götterburg

60 RHODOS Ordensfestung und türkischer Uhrturm

61 RHODOS Sulejmanmoschee und Minarett

Von der neueren griechischen Geschichte verdienen Erwähnung: die Angliederung der sieben Ionischen Inseln an Griechenland unter Zustimmung der Königin Viktoria von England; die Befreiung von Epirus, Makedonien, Thrakien, Kreta und der Aegäischen Inseln durch die Balkankriege; die Abtretung an Griechenland von Thessalien und des Gebietes des Epirus rund um die Stadt Arta und der Vorstoss nach Kleinasien auf Grund des Vertrages von Sèvres, der Griechenland Smyrna und einen Teil seines Hinterlandes zusprach.

Griechenland und das Meer

Griechenland gehört zum Festland der Balkanhalbinsel und ist ein Inselreich im südöstlichen Mittelmeerraum. Im Laufe der Geschichte teilte es das Schicksal der Balkanländer, Westeuropas und der Völker, die an seine Küsten, auf seine ausgedehnten Meeresstrassen und auf seine Inseln ausgewandert waren. Die Neigung der griechischen Rasse zum Meer blieb unverändert, und die Wirtschaft des Landes war zu allen Zeiten untrennbar mit ihm verbunden.
In der frühesten Antike machten die Kreter den Phöniziern ihre Handelsstellung zur See streitig. Vom Argolischen Golf aus durchfuhren später die Mykener das Aegäische Meer in allen Richtungen und stellten regelmässige Beziehungen zu den Kretern her. Während der klassischen Zeit war die athenische Demokratie ein mächtiger Inselstaat. Die «Holzmauern», zu welchen das zweideutige Orakel in Delphi geraten hatte und die Themistokles richtig als «Schiffe» auslegte, retteten Athen bei Salamis vor der medischen Gefahr.
Nearchos, der Admiral Alexanders des Grossen, führte die griechische Flotte bis zum Persischen Golf. Die Byzantiner erfanden das Griechische Feuer, das sie mit Hilfe von Wurfmaschinen gegen die feindlichen Schiffe schleuderten. Als in neuerer Zeit die

Piraten das Mittelmeer mit ihren Plünderungen heimsuchten, traten ihnen bewaffnete griechische Schiffe entgegen und stellten die Ordnung wieder her.

Sowohl unter der türkischen Besetzung wie auch nach Erlangung der politischen Unabhängigkeit war die Segelschiffahrt für die Griechen eine Quelle reicher Einnahmen. Die wichtigsten Stützpunkte der Handelsmarine waren damals der Hafen von Galaxidion im Golf von Korinth, die Inseln Syros in den Kykladen und Leukas im Ionischen Meer, die Stadt Aetolikon auf der Landzunge von Mesolongion, das der kleinasiatischen Küste vorgelagerte Chios, Kos im Dodekanes und Skiathos in den nördlichen Sporaden. In grosser Zahl wagten sich Segelschiffe aller Art mit kühnen Seeleuten bis zu den Häfen des Schwarzen Meeres, des Nahen Ostens, der Küsten Nordafrikas und der Adria.

Die Bewohner der Insel Kalymnos im Dodekanes betreiben heute noch Schwammfischerei, von deren Erträgnissen sie leben. In den ersten Frühlingstagen veranstalten sie ihre traditionelle religiöse Feier mit Festlichkeiten; am Tage darauf verlassen die Fischer auf ihren Barken den Hafen und nehmen Kurs auf die nördlichen Küsten Afrikas vor Sfax und Benghazi. Von dieser Reise kehren sie erst nach Monaten zurück, reich beladen mit kostbaren Schwämmen, die auf Kalymnos präpariert und nach dem griechischen Festland sowie in zahlreiche Länder ausgeführt werden. Leider sind alljährlich Verluste von Fischern zu beklagen, die bei einem gefährlichen Fangunternehmen von der Taucherübelkeit befallen werden und ertrinken.

Die früheren Zentren der griechischen Schiffahrt sind heute vergessen. Wie Schemen schweben überall die Erinnerungsbilder an die glorreichen Tage, und ein kleines Schiffahrtsmuseum in Galaxidion birgt eindrückliche Überreste von einer Zeit, die nicht zurückkehren wird.

In allen Ländern mit Hochseeschiffsverkehr stellte die Umstellung der Schiffe auf Dampf eine wirtschaftlich-soziale Revolution dar, die auch Griechenland erfasste. Im Zuge dieser unaufhaltsamen Entwicklung, mit der die griechischen Schiffseigner Schritt zu halten vermochten, ging unter anderem der Hafen Piraeus hervor, der als grösster des Landes zu einem der bedeutendsten Handelszentren des Mittelmeers wurde.

Verglichen mit den Handelsflotten der Welt folgt die griechische an sechster Stelle nach Japan. Wenn wir von Liberia absehen, unter dessen Flagge Schiffe ausländischer Herkunft besonders zahlreich sind, nimmt Griechenland den fünften Rang ein und ist in allen Belangen moderner Hochseeschiffahrt in ständiger Weiterentwicklung begriffen. Von den Häfen des Fernen Ostens bis hin zu jenen im nördlichsten Skandinavien befahren griechische Schiffe alle Meere und Ozeane. Der Weltruf einer Anzahl griechischer Familien ist stark verankert. Sie bilden eigentliche Reederdynastien und vertreten Konzerne in allen Brennpunkten des Welthandels: in London, New York, Halifax, Sydney, Hamburg und im Piraeus.

Im Jahre 1964 betrug die Zahl der griechischen Handelsschiffe 1412 mit einer Gesamttonnage von 7 155 270 Tonnen. Doch fährt eine grosse Anzahl Schiffe griechischer Besitzer unter ausländischer Flagge, sogenannten *Flags of convenience,* mit denen unter bestimmten Voraussetzungen erhebliche Steuerprivilegien verbunden sind; es handelt sich vor allem um die Staaten Panama, Honduras und Liberia: die *Panhonlib.* Werden diese Einheiten mitberücksichtigt, so steigt ihre Zahl auf rund 2400 mit einer Ladekapazität von annähernd 20 Millionen Tonnen. Diese Ziffern beleuchten die ausserordentliche Bedeutung der Handelsmarine für die Wirtschaft des Landes.

Belief sich am Vorabend des Zweiten Weltkrieges ihr Bestand auf 577 Einheiten, so war dieser 1945 auf 140 gesunken. Eine der grossen Leistungen des Landes auf dem Gebiete nicht-militärischer Schiffahrt der Nachkriegszeit war die Schaffung einer gewaltigen Flotte mächtiger Erdöltanker. Ende 1964 umfasste sie 36 Schiffe mit 30000, 32 mit 22000 und 526 mit 9000 bis 22500 BRT. Gleichzeitig wurden in wachsender Zahl Passagierdampfer für den nationalen Verkehr gebaut, ebenso grösste Einheiten für die transatlantischen Routen, auf denen Griechenland Weltruf errungen hat. Mit seinen 54000 Besatzungsmitgliedern auf griechischen und 26000 auf ausländischen

Schiffen setzt das Land heute seine ruhmreiche Tradition auf den Meeren mit Stolz und wachsendem Ertrage fort.

Ein anderer Hauptwirtschaftsfaktor Griechenlands ist die Fischerei. Da den Fischern modernste Fanginstrumente zur Verfügung stehen, ist es überraschend, dass sie sich mehrheitlich einfachster Geräte bedienen, mit denen sich auch im besten Falle nur geringe Erträgnisse erzielen lassen. Die Fischerei ist deshalb keineswegs so gewinnbringend, wie erwartet wird und wie sie im Verhältnis zur Küstenausdehnung auch sein müsste. So mag es paradox erscheinen, dass Griechenland nicht selten an Fischmangel leidet, wenn man an die reichen Fischgründe in den umliegenden Gewässern denkt.

Diese Unzulänglichkeit des Fischereiwesens ist nicht zuletzt auf die unregelmässige Beschaffenheit des Meeresgrundes in Küstennähe zurückzuführen. Auch die häufigen plötzlich auftretenden Wetteränderungen können den Fischfang erschweren. Dessenungeachtet entfällt auf den Küstenfischfang die Mehrzahl der Fischerboote, die infolge ihrer einfachen Handhabung keine Probleme schaffen. Über sechstausend Barken versorgen vierzigtausend Menschen mit Fischen, ihrem Hauptnahrungsmittel; doch stellt dieser Ertrag lediglich 10 Prozent der nationalen Jahresproduktion dar. Weit leistungsfähiger ist der mechanische Fischfang, der mit über 100000 Tonnen rund 60 Prozent der griechischen Jahresfangquote erzielt.

Mit seiner Überseefischerei versucht Griechenland seit zwanzig Jahren, die ungenügenden Fangerträgnisse in seinen Heimatgewässern auszugleichen und vor allem die Preise zu senken. Eine Flotte von dreiundzwanzig grossen Fangschiffen mit Kühlanlagen geht heute vor der afrikanischen Küste von Rio de Oro bis Dakar dem Massenfange nach. Von hier gelangen die Fische in enormen Mengen auf die Weltmärkte.

[Auszug aus dem griechischen Original]

63 KASTELLORIZZO Im Morgenglanze

64 Pyrgos Stalaktiten der Glyphadahöhlen

Aegäisches Kleinasien

Hellespont

Die breite Halbinsel Kleinasien erstreckt sich rechteckig von Westen nach Osten; sie wird im Norden durch das Schwarze und das Marmara-Meer begrenzt, während im Westen die Nord- und Südküsten des letzteren einander immer näher kommen, bis sie an der nordwestlichen Spitze die Meerenge des Hellespont bilden.

Der Name *Hellespont,* die Dardanellen, geht auf das mythische Zeitalter zurück; es ist die tiefe See der Helle, der schönen Tochter des Königs Athamas von Thessalien. Vom Rücken des geflügelten Widders mit dem Goldenen Vlies stürzte sie hier in den saphirblauen Strudel der Meerenge und ertrank. Durch den Hellespont segelte auch Iason mit seiner *Argo,* dem schnellen Schiffe, auf der Suche nach eben diesem Goldenen Vlies. Zu uralter Zeit schon war Hero von Sestos, die anmutige Priesterin der Liebesgöttin Aphrodite, ihrem ertrunkenen Geliebten Leander von Abydos hier in die Fluten gefolgt. Der mächtige Xerxes geisselte an dieser Stelle das Meer, als seine Flotte, mit der er Griechenland erobern wollte, in den tückischen Strömungen Schiffbruch erlitt. Mehrmals hat sich am Hellespont das Schicksal der Menschheit entschieden.

Die Bedeutung dieses sagenumwobenen Punktes Kleinasiens geht wohl vor allem auf die Geschichte Trojas und die *Ilias* zurück. Die Gestalten und die Taten des Trojanischen Krieges sind bis heute lebendiges Kulturgut geblieben, wenn sie auch im Wandel der Jahrhunderte verblichen sind. Gibt es eine Szene von ergreifenderem Pathos als jene der Trennung von Hektor und Andromache?

Im Westen des Hellespont schimmern der Glanz und die Weite des Mittelmeers, das in der mediterranen Welt alles bedeutete: dieses «weindunkle Meer», welches das alte Kreta mit Troja verband und Troja mit der ganzen Welt. Das Mittelmeer war das Entzücken der Antike. Symbolisch war es gegenwärtig im blauen Kelch Homers, in den blauen Segeln der Trireme und im transparenten Prachtgewand der Aphrodite. Auch

65
Kos
Verlassene
Felshöhlenwohnungen

heute ist es mit dem Ruhme der historischen Stätten an seinen zahllosen Küsten ein unerschöpflicher Quell der Freude.

Ethnologisch gesehen bildet das Mittelmeer den sechsten Erdteil. Die geographische Unterteilung der Landmassen in fünf Kontinente ist rein willkürlich. Umgeben wirklich drei verschiedene Kontinente das Mittelmeer? Keineswegs; im Grunde sind es Mittelmeerländer. Asien beginnt erst im iranischen Hochplateau. Ägypten und Algerien sind nicht Afrika, das erst in der Sahara seinen Anfang nimmt. Auch gehören Griechenland, Italien, Spanien oder Marseille weniger zu Europa als zum Mittelmeer. Sobald sich Menschen an dessen Küsten niederlassen, erliegen sie dem undefinierbaren Zauber dieses besonderen Teils der Welt und werden *mediterran*. Das Mare Nostrum der chauvinistischen Römer ist zu einem Meer des Zentrums geworden; an seinen historischen Gestaden wurde das Wertvollste geschrieben und geschaffen, das uns bis heute erhalten blieb.

Besonders die Ostküsten stellen ein einziges, einheitliches überliefertes Kulturgebiet dar. Während andere Gegenden der Erde sich, wenn überhaupt, nur einzelner Kulturen rühmen können, assimilierten die östlichen Mittelmeerländer jene der Sumerer, Babylonier, Assyrer, Ägypter, Hethiter, Minoer, Perser und Griechen.

Die Wiege der Menschheit scheint in Zentralasien gestanden zu haben. Von hier aus wurden die Menschen zum Auswandern gezwungen, als nach der Eiszeit die Erdoberfläche auszutrocknen begann. Andere Gründe der Bevölkerungsausbreitung waren wohl auch zunehmende Siedlungsdichte und Beutegier. Nachbarn in fruchtbaren Ländern wurden angegriffen und enteignet. Auf diese Weise arteten zahlreiche Wanderbewegungen der Frühzeit in Eroberungsfeldzüge aus.

Einer der ersten Unruhestifter war Turkestan. Die Stämme des Urals und des Altaigebirges trieben die Nachbarvölker vor sich her, wie sie es seit Urzeiten mit ihren Herden getan hatten. Sie vermischten sich mit allen Stämmen, die sie unter ihre Herrschaft brachten, und wurden so die Begründer der sumerischen Kultur, die aus der

Verbindung verschiedenster Rassen hervorgegangen ist. Echte menschliche Kultur konnte nie Monopol einer einzigen Rasse sein.

Seit frühester prähistorischer Zeit wurden hauptsächlich Kleinasien, später Syrien und Palästina wiederholt von Völkerwogen aus Norden, Nordosten und Osten überflutet. Einige ethnische Wellen stiessen von Turkestan nach Süden durch Transkaukasien, Armenien, Kleinasien und Syrien bis nach Arabien vor; etliche überquerten selbst die Landenge von Suez und erreichten Afrika. Eine weitere dieser periodischen Wanderungen führte nach Westen und brachte die mesopotamische Zivilisation an die kleinasiatischen Küsten des Aegäischen Meeres.

So wurde Kleinasien durch seine geographische Lage zu einer Verbindungsstrasse von höchster Wichtigkeit für die Völker, die über sie hinwegzogen. Die Halbinseln des Mittelmeers Italien, Griechenland und Spanien verlaufen alle von Norden nach Süden. Die einzige Ausnahme bildet die kleinasiatische, jene Anatoliens, die sich von Osten nach Westen erstreckt. Da sie nahe am Schnittpunkt Europas, Asiens und Afrikas liegt, ist sie zur Landbrücke zwischen diesen drei Kontinenten und zur Heeresstrasse für auswandernde Völker oder Eroberungszüge geworden, die meist in westlicher Richtung bis zur aegäischen Küste gelangten.

Vom Hellespont an zieht sich diese Küste gegen Süden und bildet eine Anzahl grosser und kleinerer Buchten, die von Vorgebirgen, Landspitzen und Kaps unterbrochen werden. Einige dieser auslaufenden Vorgebirgszüge stellen eine Gruppe von Inseln dar, die *Sporaden* oder *Kykladen,* mitunter auch *Archipel* genannt werden. Letzteres zu Recht; denn «Archipel» bedeutet «altes Meer», und schon die Altägypter bezeichneten sie als «die Inseln im Herzen des Meeres». Wo, wenn nicht hier, sollte das Herz des Meeres sein? Es ist die eigentliche Welt Homers, der sehr wahrscheinlich in Kolophon, auf Chios oder in Izmir zur Welt gekommen ist.

Der südlichste Ausläufer Kleinasiens, der sich wechselnd aus dem Meer erhebt und wieder versinkt, umfasst eine Reihe von Inseln wie Rhodos, Kos und Karpathos. Diese wurden von den Völkern, die von Osten her Kleinasien durchwandert hatten, als Ausgangspunkte benutzt, von wo aus sie Kreta erreichten. Hier brachten sie die minoische und die aegäische Kultur hervor, die sich in der Folge über das ganze Mittelmeer verbreitete. So finden wir die anatolische Doppelaxt, die Labris, nicht nur auf Kreta, sondern bereits in Babylon und in Assyrien.

Anatolien

Schon in vorgeschichtlicher Zeit muss in Kleinasien hektische menschliche Tätigkeit geherrscht haben. Mit seiner über dreitausend Kilometer langen Küste vor einem warmen, schiffbaren Meer war das Land bereits zu früher Zeit für grosse Teile der damaligen Menschheit zum Zentrum der Seefahrt geworden. Ausgrabungen in Zentralanatolien haben Archive von sumero-akkadischen Handelskolonien ans Tageslicht gebracht, die in der zweiten Hälfte des dritten vorchristlichen Jahrtausends in Kadesch bei Caesarea gegründet wurden. Aus den Tafeln geht hervor, dass es zu einer babylonischen Invasion kam, um die Rechte dieser Kolonien zu wahren.
Zu Beginn des zweiten Jahrtausends vor Christus brachen die Kampfwagen der Hethiter in Kleinasien ein, das eine Welt mit vielen Sprachen war und auf hoher Kulturstufe stand. Die Hethiter eroberten das Königreich von Hatti und liessen sich am Lauf des Flusses Halys im Land der Amazonen nieder. Die hethitischen Stämme sprachen sechs Sprachen, die aus ihrer Vermischung mit der früheren Bevölkerung entstanden waren. Diese Tatsache beweist, dass die Halbinsel von Kleinasien schon vor den Hethitern von heterogenen Elementen bewohnt war: den Mittani, den Harriern, den Kassiten, den wilden Kaskern Kleinarmeniens, den Artawas und den Leviten.
Aufzeichnungen der frühägyptischen Könige Tothmes III. und Amenhotep II. erwähnen die Keftiu, das heisst die minoischen Kreter, welche im dritten vorchristlichen

Jahrtausend schon in vollem Besitze der aegäischen Kultur waren. Von Kleinasien nach Kreta ausgewandert, besassen sie auf beiden Seiten der Aegäis Niederlassungen. Ägypten pflegte mit den Minoern, den «Inselmenschen», freundschaftliche Beziehungen. Um 1400 v.Chr. verschwindet plötzlich ihr Name aus der ägyptischen Literatur, wo ein anderes «Volk des Meeres» Erwähnung findet, besonders die Schirdanu. Geführt von ihrem Kaiser Mutallis, kämpften die Hethiter im Jahre 1296 v.Chr. bei Kadesch in Palästina gegen den Pharao Ramses II. Unter ihren anatolischen Verbündeten werden die Schirdanu, die Danuna, die Lukki, die Mysier, die Dardaner und die Kilikier erwähnt. Die Schirdanu oder Sardaner wanderten nach Sardinien aus und gaben dieser Insel den Namen. Die Danuna sind die Danaoi Homers. Sie kommen ursprünglich aus der Gegend von Adana, wie man heute von Ausgrabungen in diesem Gebiet weiss. Die Lukki sind die Lykier aus der Heimat Apollos, des Lykiers. Die Dardanoi bewohnten die Gegend der Dardanellen, und die Mysier waren ein Volk am Ufer des Marmara-Meeres. Später kam es zu einer Koalition von Lykiern, Schirdanu, Schakalasch, Achaiwascha und Turscha, die sich ihrerseits mit den Libyern von Nordafrika verbündeten, um Plünderungszüge nach Ägypten zu unternehmen.

Das waren verhältnismässig ruhige Zeiten für Kleinasien, verglichen mit den stürmischen Wirren und Völkerbewegungen, welche bald über die Halbinsel hereinbrechen sollten. Die Inschriften von Medinet Habu geben uns eine Beschreibung des Chaos, das anfangs des ersten Jahrtausends vor Christus hier herrschte. Auf der ganzen Halbinsel brachen die Reiche wie Kartenhäuser zusammen. Ein Volk nach dem andern wanderte aus, um dem Elend und den Kriegen auf der Halbinsel zu entgehen. Doch sind die Ereignisse dieser Zeiten bis heute in undurchdringliches Dunkel gehüllt, und die Historiker sind auf Vermutungen angewiesen. Neue Völkerstämme tauchen auf in den Berichten über die Schlacht bei Kadesch. Neben den anatolischen Hilfstruppen kämpften die Pulesati, die Schakalasch und die Zakala. Sie wurden von Ramses III. zu Land und zu Wasser besiegt. Diese Pulesati sind die Philister der hebräischen Geschichte, die sich hauptsächlich in Philistia niederliessen und Palästina den Namen gaben. Die Zakala und die Pulesati sind beide kreto-karischen Ursprungs.

Während der Regierungszeit des grossen Pharaos Echnaton fielen gewisse aramäische Völkerstämme aus Tell-el Amarna, die sich Kabiru nannten, in Palästina ein. Da sie semitischen Ursprungs waren und ihre Sprache mit derjenigen der Hebräer eng verwandt war, nimmt man an, dass es sich um die Vorfahren der späteren Hebräer handelt, die sich in Palästina niederliessen und unwillkommene Nachbarn der Kanaaniter wurden. Aber nicht für alle diese Völker war die Halbinsel eine blosse Durchgangsstrasse. Viele machten sich sesshaft und vereinigten sich mit den autochthonen Bewohnern Kleinasiens.

In den ältesten vorgeschichtlichen Quellen aus der Zeit der Mythen heissen die Ureinwohner Kleinasiens, der aegäischen Inselwelt und des östlichen Teiles Griechenlands Pelasger, das «Seevolk». Sie gehörten der Mittelmeer-Rasse an und müssen aus einer Vermischung all der erwähnten Völker hervorgegangen sein. Sie sprachen eine eigene, nicht-griechische Sprache. Herodot bezeichnet die Spartaner Griechenlands als Hellenen, die Athener jedoch als Pelasger.

Die Geschichte der griechischen Frühzeit muss als reine Mythotheologie bezeichnet werden. Doch bergen einige dieser Mythen wie jener von Deukalion, dem gemeinsamen Vorfahren der Griechen, einen Kern geschichtlicher Wahrheit in sich: Der zornige Zeus beschliesst eine Sintflut. Deukalion, durch seinen Vater Prometheus gewarnt, baut sich eine Arche. Als sich die Wasser senken, landet sie auf dem Berge Parnass. Dieser Mythos hat denselben Ursprung wie der biblische von Noah und seiner Arche. Beide Mythen wurzeln wohl in der Erinnerung an die grosse mesopotamische Überschwemmung im dritten Jahrtausend vor Christus. Die Völker müssen von Mesopotamien nach Kleinasien und von dort entweder über die aegäischen Inseln oder über den Balkan nach Griechenland gelangt sein. Alle pelasgischen, achäischen, mykenischen und dorischen Einbrüche und Einwanderungen nach Griechenland waren

Wellen von Völkerbewegungen gegen Westen, die mehrere Jahrhunderte andauerten. Archäologische Forschungen haben ergeben, dass Homers *Danaoi,* wahrscheinlich die alten Achäer, anatolischen Ursprungs waren.

Die Ionier anderseits werden im Pentateuch als Iavaner, die Söhne Iapheths, erwähnt. Ungefähr im 15. oder 16. Jahrhundert vor Christus nannten sie die Perser Iauna. Das Wort *Iavanes* oder *Iavones* wurde später zu *Iones.* Als Söhne Apolls erhoben sie Anspruch auf göttliche Abstammung. Der Gott Apollo aber gehörte ursprünglich einer sehr alten matriarchalischen Kultur Kleinasiens an. Er ist in der *Ilias* ein Feind der Achaioi und tötet schliesslich Achilles. Homer nennt Apoll *Lykegenes,* den in Lykien Geborenen. Seine vier frühesten Heiligtümer, die viel älter als Delphi sind, liegen an der aegäischen Küste Anatoliens: die Kultstätten von Gryneium, Clarus, Didyma und Patara. Die Verbreitung des Apollomythos zeigt also den Weg, den die Ionier auf ihren Wanderungen nach Westen einschlugen.

Der Trojanische Krieg fand ungefähr 1200 bis 1180 v.Chr. statt. Er bedeutet einen der Wendepunkte in der Geschichte der Menschheit. Etwa ein Jahrhundert später ergossen sich ganze Scharen von Phrygern aus den Balkanländern nach Kleinasien und liessen sich im nordwestlichen Teil der Halbinsel nieder, wo sie das Erbe der Hethiter übernahmen. Nach einem weiteren Jahrhundert wurden diese Phryger von einem Ansturm wilder Kimmerer überflutet und fast vollständig vernichtet. Einige Jahrzehnte später besiegten die Lydier, ein Volk sehr hoher Kultur, dessen Hauptstadt Sardes war, die Kimmerer. Nun folgte eine verhältnismässig ruhige Epoche, die nur durch kleinere Einfälle von Skythen und anderen Stämmen entlang der aegäischen Küste gekennzeichnet war. Dann brach die Frühzeit des klassischen Altertums an. In dieser geschichtlichen Dämmerung müssen wir die Anfänge der menschlichen Zivilisation im modernen Sinne erblicken.

Von all den Völkerstämmen, die in ost-westlicher Richtung Kleinasien durchstreiften, blieben viele Splittergruppen am aegäischen Küstensaum Anatoliens und vermischten sich mit den dortigen Einwohnern. Auch sind Völkerbewegungen über die Aegäis nicht auszuschliessen. Diese Aegäo-Anatolier wurden Aeolier, Ionier und Karier genannt; doch sind ihre Bezeichnungen bloss geographisch bedingt. Jede Sprache hat ihre eigene Lebens- und Ausdehnungskraft, die von der politischen und militärischen Macht ihrer Träger unabhängig ist. Da nun das Griechische eine weiterentwickelte Sprache war, herrschte es an den Küstengebieten Kleinasiens bald vor. Die glückliche Verbindung von Völkern der verschiedensten Herkunft milderte auch die Härten der gegensätzlichen Weltanschauungen, der Religionen und Traditionen und hob sie schliesslich auf.

Die Hethiter, Phryger, Lydier, Karier und Lykier überlieferten den Aegäo-Anatoliern das Kulturgut, welches sie aus dem Osten empfangen hatten. Diese Anatolier hatten keine Götter, die ihnen heilige, unantastbare Moralgesetze auferlegt hätten. So wurde zum erstenmal in der Menschheitsgeschichte der Intellekt frei, das Universum zu deuten, ungehemmt durch die Interessen von Priestern und Königen. Es ist kein Zufall, dass Thales von Milet schon im 7. Jahrhundert vor Christus die Sonnenfinsternis des 28. Mai 585 vorausberechnete. Eine solch geniale Leistung war der Niederschlag eines Wissens, das sich über Jahrhunderte angesammelt hatte. So verdankt Europa seine Wissenschaft, seine von priesterlichen Traditionen freie Literatur und seine auf das Allgemeinwohl ausgerichteten Gesetze im Grunde dem westlichen Kleinasien.

Assos

Von Troja führt eine Strasse in vielen Windungen südwärts durch das Tal des homerischen Flusses Skamander und durchquert das Dorf Ayvacik. In der Bucht von Adramyttia, etwa zwanzig Kilometer vom prächtigen Kap Lefkon entfernt, erreicht sie die Ruinen des antiken Assos. Was von dieser alten Stadt übriggeblieben ist, drängt sich hoch oben an den Rändern einiger steiler Böschungen zusammen, die sich wie eine riesige Treppenflucht von der Küste her erheben. Von der Stadt aus schweift der Blick über das Meer zur Insel Mytilene, der Heimat der Sappho von Lesbos. Assos umfasst eine Fläche von 2,5 Quadratkilometern, und seine Mauern erreichen stellenweise eine Höhe von 19 Metern. Auf der Akropolis, der «hohen Stadt», liegen die Ruinen eines wahrscheinlich der Athene geweihten Tempels auf dem Erdboden verstreut; die Galerien der Agora und ein Theater sind jedoch gut erhalten.

Der Hethiterkönig Tulhalias IV. kam nach Assos, um einen Aufstand einiger aegäischer Städte einer Gegend, die als «Assuva» erwähnt wird, zu unterdrücken. Assuva war ursprünglich der Name von Ephesus; die Ägypter nannten es Iasia, was vermutlich auch die Bezeichnung für die Göttin Artemis von Ephesus war. Dieser Name wurde von den Lydiern übernommen und übertrug sich als «Asia» auf den westlichen Teil Anatoliens. Zur Römerzeit hiess die ganze anatolische Halbinsel die «Provinz von Asia». Erst als im fünften nachchristlichen Jahrhundert die Bezeichnung «Asia» auf den ganzen Kontinent ausgedehnt wurde, fügten die Byzantiner das Adjektiv *minor* hinzu, um so Anatolien als «Kleinasien» vom Rest des Kontinents zu unterscheiden. Anatolien bedeutet «das Land der aufgehenden Sonne».

Früher hatte Assos «Pedassos» geheissen. Ortsnamen mit der Endsilbe *-ssos,* wie Parnassos und Halikarnassos, gehören einer sehr alten anatolischen Sprache an. So muss hier schon mindestens gegen Ende des zweiten Jahrtausends vor Christus eine Stadt gestanden haben.

Man nimmt an, dass sich eine Gruppe von aeolischen Auswanderern, die nach der dorischen Invasion aus Griechenland flohen, Ende des zweiten Jahrtausends hier auf fremder Erde niederliessen. Der Name ist als eine Niederlassung von Ioniern in Anatolien bezeugt. Doch gibt es keine historischen Beweise, wonach eine dorische Invasion die mykenische Kultur zerstört hat. Der rasche Zusammenbruch des Mykenerreiches ist ebenso unerklärlich wie das plötzliche Verschwinden der Hethiter in Kleinasien oder der Minoer auf Kreta. Griechenland, Kleinasien und Italien sind vulkanische Länder mit periodischen seismischen Beben. Sogar in geschichtlicher Zeit sind ihnen des öftern ganze Städte zum Opfer gefallen und dem Erdboden gleichgemacht worden. Was man als eine dorische Invasion bezeichnet, kann also auch eine Auswanderungsbewegung oder ein allmähliches Abwandern von Doriern in einen neuen, unbewohnten Lebensraum gewesen sein.

Alle Berichte über eine dorische Invasion und eine darauffolgende, mit Waffengewalt erzwungene Ansiedlung der Ionier und Aeolier inmitten der karischen und lelegischen Stämme an der anatolischen Küste stammen von alten Schriftstellern und beruhen zum Teil auf Mythen. In der zweiten Hälfte des letzten Jahrhunderts wurden diese jedoch als authentisch angesehen und dem allgemeinen Bildungsgut einverleibt. Schon lange vor diesen historisch umstrittenen dorischen Eroberungszügen hatten die Achäer Kolonien an der anatolischen Küste der Aegäis gegründet und sich mit den dortigen Bewohnern vermischt. Sie waren ein grosses Seefahrervolk, und so wurde denn auch die aegäische die erste wirklich maritime Kultur der Antike.

Der Tempel von Assos als eine Kultstätte heidnischer Götter wurde in der byzantinischen Epoche völlig zerstört. Die zerbrochen umherliegenden Säulen sind ein Symbol der Vergänglichkeit aller menschlicher Kulturen. Hinter Assos leuchtet aber das alte, ewige Mittelmeer, das Zeuge so vieler Reiche und Zivilisationen gewesen ist. Kleanthes, der Nachfolger des Zenon als Oberhaupt der Stoiker, war ein Sohn dieser Stadt. Es gibt einen erhabenen pantheistischen Hymnus auf Zeus, worin dieser nicht mehr als Gott im Sinne des Mythos, sondern als ein geistiges Wesen besungen wird, welches das ganze Universum durchdringt und beherrscht.

Einzelne Ölbäume findet man fast überall in Anatolien; hier in Assos aber stehen sie dicht wie ein Wald, über den die aegäischen Winde streichen und eine silberne Welle nach der andern hinweggleiten lassen. In der Antike führte eine Strasse vom Hellespont westwärts, durchquerte die Ebene von Antandros und Adramittium, bog hinüber nach Pergamon und schwenkte der aeolischen Küste entlang hinunter nach Grineium, Myrina, Kyme, Larissa und Smyrna bis zum ionischen Ephesus, vorbei an alten Städten, deren Namen noch heute von zauberhaftem Klange sind.

Pergamon

Mitten in dieser Gegend erhebt sich im Herzen der Olivenwälder die mächtige Akropolis von Pergamon. *Pergamon* entstammt einer vergessenen Sprache Kleinasiens und bedeutet Festung oder Schloss. Die Griechen übernahmen den Ausdruck, und Homer spricht vom Pergamon von Troja im südlichen Kleinasien. Pergamon war schon in der jüngeren Steinzeit besiedelt, wie durch Funde von Kampfbeilen bezeugt ist. In der antiken Mythologie ist es unter dem Namen Teuthrania eine berühmte Stadt. Xenophon erwähnt, dass sie eine uneinnehmbare Festung bildete. Sicher ist, dass sie schon vor 420 v.Chr. ihre eigenen Münzen prägte.

In dieser Festung hortete Lysimachus, ein General Alexanders des Grossen, die Schätze, die er in den Perserkriegen erbeutet hatte, und vertraute sie der Obhut seines Offiziers Phileterius an. Lysimachus wurde im Kampfe gegen Seleukus besiegt und bei Magnesia erschlagen. Phileterius bemächtigte sich des Goldes und erklärte sich zum unabhängigen Herrscher. So gründete er im dritten Jahrhundert vor Christus die Dynastie der Könige von Pergamon. Es folgten zwei Fürsten namens Eumenes und drei namens Attalus. Eumenes I. errang bei Sardis einen glänzenden Sieg über Antiochus II.; Attalus I. besiegte die Galater, und Pergamon wurde ein Verbündeter Roms. Zur Zeit von Attalus II. war es die kulturelle Hauptstadt eines ausgedehnten Territoriums; denn die Grenzen des Königreiches, das hier im westlichen Kleinasien gegründet worden war, hatten damals das Taurusgebirge erreicht. Der letzte König von Pergamon, Attalus II., liebte seine Gattin so sehr, dass er bei ihrem Tod in einem Anfall von Verzweiflung sein Reich an Rom verschenkte. Rom zögerte natürlich nicht, es unter besonderer Verdankung anzunehmen.

Während zweier Jahrhunderte war Pergamon, zusammen mit Ephesus und Smyrna, eine der drei grössten Städte Westanatoliens. Es wurde zum beliebten Winteraufenthaltsort der römischen Kaiser und dadurch zu einem Zentrum des Kaiserkultes. Später wurde hier eine der sieben ersten christlichen Kirchen Kleinasiens gegründet. Die Akropolis wurde von den Byzantinern, die alle Denkmäler der antiken Stadt als gotteslästerliche, heidnische Werke zerstörten, zu einer Festung ausgebaut. Das klassische Zeitalter war endgültig vorbei; Pergamon verlor seine Bedeutung unter der byzantinischen Herrschaft vollständig. Auf ihrem Zug nach Konstantinopel eroberten die Araber dann die Stadt, und während des 12. Jahrhunderts gehörte sie zum Seldschukenreich von Konia. Durch Errichtung von Moscheen und Karawansereien versuchte man ihre alte Blüte zu erneuern. Ihre ruhmreichen Tage sind aber eindeutig an das Zeitalter der Antike gebunden.

In Priene, im Tal des Mäander, finden wir das erste Beispiel einer antiken Stadt mit moderner Stadtplanung. Sie wurde nach einem Plan des berühmten Architekten Hippodamus von Milet als Gitterwerk von geraden, sich rechtwinklig schneidenden Strassen und regelmässigen, rechteckigen Häuserblöcken erbaut. Auch die öffentlichen Bauten waren in einer Reihe angeordnet. Sie war also bereits eine rein *funktionell* geplante Stadt. Aber Pergamon stellte diesem schachbrettartigen Stadtgrundriss, den es als monoton betrachtete, den sogenannten *königlichen* oder *ornamentalen* Stil gegenüber, der aus der ganzen Stadt ein einziges, grossartiges Denkmal werden liess. Auch unter den heutigen Stadtplanern sind diese beiden Prinzipien der altanatolischen Stadtplanung Gegenstand eifriger Diskussion.

Die Oberstadt, die Akropolis, hatte vier Haupt- und mehrere Nebenterrassen, welche der Stadt das imposante Aussehen eines babylonischen Turmes gaben. Im Norden war sie von der Kette des quellenreichen Idagebirges umrahmt, wo die olympischen Göt-

67
PERGAMON
Theater
auf der
Akropolis

68 Izmir   Altes Smyrna mit Agora

69 PRIENE   Schwemmlandebene des Grossen Maeander

70
EPHESOS
Johannes-
basilika und
Zitadelle

71 HALIKARNASSOS Johanniterburg

72 PAMUKKALE Kalksinterterrassen von Hierapolis

ter wohnten und auf das alte Troja herabschauten. Im zweiten Jahrhundert vor Christus hatte diese Akropolis jene von Athen bei weitem übertroffen. Selbst seine Künstler sandte Pergamon nach Athen. Die oberste Terrasse war mit Palästen, Tempeln, einer weiträumigen Bibliothek und einem Theater geschmückt. Durch Ruinen des Athenatempels tritt man heute in das Theater und wird vom grossartigen Anblick, von der Harmonie der Bauten vor dem prachtvollen landschaftlichen Hintergrund überwältigt. In diesem Theater wurden die beweglichen Kulissen erfunden. Auf den unteren Terrassen befinden sich zwei Agoren, ein zur Erinnerung an den Sieg über die Galater dem Zeus geweihter Altar, ein Demetertempel: ein wahres Wunderwerk im aeolischen Stil; ferner Bäder, drei prächtige Gymnasien und andere öffentliche Gebäulichkeiten, welche Pergamon zur Wiege der hellenischen Kunst machten. Sie ist nicht nur die Hauptstadt eines Landes gewesen, sondern das Zentrum einer ganzen Kultur, wie es auch Milet, Ephesus und Sardis waren.

Von der Akropolis blickt man auf das grüne Tal des Kaikus hinab, das sich bis zum Aegäischen Meer hinzieht. Zwei Flüsschen, Selinos und Ketios, durchfliessen heute die Ebene, wo einst die alte Stadt Pergamon stand. Jetzt ist diese völlig von der modernen Stadt überbaut, nur der kolossale römische Tempel, dem Gott Serapis gewidmet, ragt über die Häuser seiner Umgebung empor.

Von den drei wichtigsten Heiligtümern des Aeskulap in Epidauros, auf der Insel Kos, dem Wirkungskreis des Hippokrates, und in Pergamon war dieses letztere das grösste. Die Kaiser Caracalla und Mark Aurel wollten nur im Asklepieion von Pergamon gepflegt werden. Über seinem monumentalen Eingang stand die Inschrift: «Der Tod kann das Asklepieion nicht betreten.» Die zahlreichen Mineralquellen von verschiedener chemischer Zusammensetzung, welche in seiner Nähe hervorsprudeln, sind der Grund, weshalb man in der Antike glaubte, der Ort sei von den Göttern zur Heilung aller Krankheiten ausersehen worden. In Kleinasien war der Gott der Gesundheit aber nicht Asklepios, sondern Telesphoros.

Was Pergamon in künstlerischer, kultureller und didaktischer Hinsicht zur Entwicklung der Menschheit beigetragen hat, ist ausserordentlich bedeutend. Zunächst sei das Papier erwähnt, das von der Stadt seinen Namen Pergament erhielt und dessen Erfindung für den menschlichen Fortschritt nicht weniger wichtig war als diejenige der Druckerpresse. Die Ptolemäer in Alexandrien und die Attaliden gründeten die beiden berühmten Museen der neun Musen, die ersten Institutionen zur Förderung von Literatur und Wissenschaft der Geschichte, die man kennt. Als im zweiten vorchristlichen Jahrhundert Ptolemäus von Ägypten sah, dass Eumenes II., sein Rivale in Pergamon, ihn in der Bereicherung seiner Bibliothek überflügelte, verbot er die Ausfuhr von Papyrus aus Ägypten. Das hatte zur Folge, dass Pergamon begann, Häute als Schreibmaterial zu präparieren. Es wurde ein neuer Gerbungsprozess entwickelt, so dass beide Seiten beschrieben werden konnten. Solche doppelseitig beschreibbaren Häute wurden als *Pergamena*, später Pergamente, bekannt. Darauf folgte die Erfindung des kleineren Schreibblattes, der Seite und des Buches, die von grosser Handlichkeit waren. Ein «Buch» von dreihundert Papyrusseiten hatte zuvor etwa sechs lederne Eimer und zwei Leute zum Tragen erfordert, während es jetzt leicht in die Tasche gesteckt werden konnte.

Kann eine andere Stadt der Erde sich rühmen, ihren Namen so eng mit dem geistigen Fortschritt der Menschheit verbunden zu haben? Marcus Antonius schenkte Kleopatra 200 000 vollständige Werke der Bibliothek von Pergamon. Auf Befehl des Kaisers Theodosius verbrannte dann Theophilos, der Erzbischof von Alexandrien, diese Bibliothek, weil sie aus heidnischen Werken bestand. Das war eine Tragödie.

Pergamon hatte auch eine wichtige Bildhauer- und Malerschule. Die archaischen Skulpturen, welchen vorher eine gewisse Ausdruckslosigkeit innewohnte, begannen in Pergamon lebendiger und dynamischer zu werden. Hier wurde auch die Kunst des Mosaiks entwickelt. In einem seiner Gymnasien wurde zum erstenmal in der Geschichte Malerei und Skulptur gelehrt und von den Schülern Theater gespielt.

Die Stadt liegt in jenem Teil Aeoliens, der damals Mysia hiess. Aber unmittelbar südlich des Flusses Kaikus verändert sich die Landschaft und wird pastoral und phrygisch. Die Phryger sollen vollkommene Flötenspieler gewesen sein. Der hohe schrille Ton ihrer Flöte, genannt *elegn,* gab der Elegie den Namen. So steht am Anfang der europäischen Musik, Jahrtausende vor Bach und Beethoven, der Gesang der klagenden phrygischen Hirtenflöte des antiken Anatoliens.

Izmir

Auf halbem Wege zwischen Pergamon und Izmir öffnet sich hinter Pitane die tiefblaue Bucht von Ali-Aga. Hier am Ufer des Meeres lag einst die Stadt Myrina, an der Grenze des Landes der Amazonen. In der *Ilias* ist Myrina die göttliche Amazonenkönigin, die von den Trojanern als die «springende Myrina» verehrt wurde. In diesem Hafen ging Agamemnon auf dem Wege nach Troja zuerst vor Anker. Etymologisch bedeutet Myrina «die erhabene, lebenspendende Mutter».
Hinter dem heute von Land umgebenen Kap von Larissa dehnt sich das Tal des Hermus aus mit seinen grünen Rebenkulturen; von hier kommen heute die bekannten Sultaninen. Der Hermus schlängelt sich mitten durch die Ebene; er bildete einst die Grenze zwischen Aeolien im Norden und Ionien im Süden. Die Stadt Izmir ist eine amazonische Gründung. Die Amazonen waren vermutlich die kriegerischen Priesterinnen der Hethiter; denn man findet in den Bergen rings um Izmir an mehreren Stellen hethitische Skulpturen. Diese Hafenstadt liegt an einer der schönsten Buchten des ganzen Mittelmeers und ist einer seiner fünf grössten natürlichen Häfen. Ihre Geschichte reicht Jahrtausende zurück.
Die Stadt breitet sich halbmondförmig an den Abhängen eines riesigen, von hohen Bergen gebildeten Amphitheaters aus, auf denen noch die Ruinen von zyklopischen

Akropolen längst vergessener Städte stehen. Hoch oben in der Stadtmitte ragt der Pagusberg mit seiner kreisförmigen Zitadelle von Lysimachos, genannt *Kadife Kale,* zum Himmel empor. In der Bibel heisst sie «die Krone der Stadt». Von hier aus schweift der Blick über den ganzen Golf, der sich zu beiden Seiten ausdehnt und in einer Entfernung von fünfzig Seemeilen in das offene Meer übergeht. *Pagus* bedeutet «die Gegend ausserhalb der Stadt». Da die ersten Christen Städter waren, nannten sie die Menschen vor ihren Mauern, die noch nicht bekehrt waren, *pagani,* was gleichbedeutend mit *heidnisch* war.

Auf dem nördlichen Vorgebirge des Golfes liegt, vom Meere her dem Blick verborgen, die alte Hafenstadt Phocäa. Ihre Ruinen stehen an zwei kleinen Buchten direkt am Meer. Das antike Phocäa war die erste Stadt des Ionischen Bundes. Ein Teil der Phoker wanderte westwärts und gründete Massalia [Marseille], Nike [Nizza] und Agde in Südfrankreich und brachte so den barbarischen Galliern die griechische Kultur. Nördlich des Golfes, im Osten der berühmten Salinen von Izmir, erheben sich die Höhen von Sipylos, während im Nordosten das antike Smyrna stand, dessen Geschichte bis in die mythologische Zeit zurückreicht, wo es im Amazonenreich eine Rolle spielte.

Der König von Lydien, Alyattes, der Vater von Krösus, eroberte das antike Smyrna im sechsten Jahrhundert vor Christus. Es hörte bis zur Ankunft Alexanders des Grossen auf zu existieren. Heute heisst der Ort, wo die Stadt stand, Bayrakli. Hier, auf einer Anhöhe, war auch das Grab des Tantalus, dessen Name im Ausdruck «Tantalusqualen» weiterlebt. Weil er den Göttern das Fleisch seines eigenen Sohnes vorgesetzt hatte, musste er zur Strafe im Hades durstig und hungrig in knietiefem Wasser stehen; wenn immer er sich bückte, um seinen brennenden Durst zu löschen, wich das Wasser zurück, und wenn er nach den Früchten griff, die über ihm an einem Baume hingen, blies der Wind den Ast zur Seite. Er war der Vater von Pelops, der nach Griechenland auswanderte und dem Peloponnes den Namen gab. Er war auch Atreus' Vater und so der Grossvater Agamemnons und des Menelaus. Diese Mythen deuten auf die vorachäischen Wanderungen von Anatolien nach Griechenland. Tantalus war auch der Vater Niobes, der Königin von Theben in Griechenland.

Auf der Jagd soll Alexander der Grosse auf dem Berge Pagus vor Müdigkeit eingeschlafen sein und im Traume die Göttin Nemesis erblickt haben, die ihm verkündete, dass derjenige dreimal glücklich sein werde, der hier, diesseits des Flusses Meles, ein neues Smyrna gründe. Darauf befahl er seinem General Lysimachus, eine neue Stadt zu errichten.

Alexander verehrte Homer über alles. Ein bekanntes Epigramm sagt: «Sieben Städte streiten sich um den toten Homer, in denen dieser um Brot gebettelt hatte.» Diese sieben Städte, die den Dichter als den Ihrigen betrachteten, waren Smyrna, Chios, Rhodos, Kolophon, Salamis, Argos und Athen. Davon sind vier als Homers Heimat sicherlich auszuschliessen, weil in ihnen nicht ionischer Dialekt gesprochen wurde. Nun kommen sowohl in der *Ilias* wie auch in der *Odyssee* innerhalb des Ionischen aeolische Ausdrücke vor; in Kolophon und Chios sprach man aber nur ionisch, während Smyrna, bevor es ionisch wurde, zu Aeolien gehörte. So muss es wohl als Heimat Homers gelten. Der wichtigste Titel des Dichters ist im übrigen *Melesigenes,* der «Sohn des Flusses Meles», welcher durch Izmir fliesst. Daraus ist auch ersichtlich, dass der Stadtteil westlich des Flusses – der Meles fliesst heute mitten durch die Stadt – erst zur Zeit Alexanders oder später erbaut wurde.

Auf der andern Seite der Bucht stand die Stadt Clazomenae, der Geburtsort des Philosophen Anaxagoras, der die Theorie des Dualismus von Geist und Materie begründete. Gegenüberliegend, wo sich der Berg Mimas erhebt, war eine minoische Siedlung. Der Berg unmittelbar östlich des Pagus heisst Olympus. Es gibt in Anatolien mehr als zwanzig Berge dieses Namens. Nördlich des Pagus, mit Blick auf das Sipylosgebirge jenseits der Bucht, stand das antike Theater von Smyrna. Hier befindet sich eine riesige Statue des Mark Aurel im heutigen Kulturpark. Westlich lag in einer Bodensenke das Stadion, wo der Heilige Polycarpus den Märtyrertod erlitt. Im Süden, hinter der Zitadelle, führen zwei halbkreisförmige Aquädukte über den Meles, welcher hier in einer engen Schlucht dahinbraust. In der Antike wurden alle diese Flüsse und Berge als lebendige Wesen betrachtet und personifiziert.

In Izmir finden wir über die ganze Stadt verstreut bedeutende architektonische Denkmäler, und zahlreich sind die Orte, die an die geschichtliche Vergangenheit erinnern: Karschi Yaka an der Küste von Sipylos heisst *Cordelio,* nach Richard Löwenherz, *Cœur-de-Lion,* der auf einem der Kreuzzüge hier weilte. Uralte Bräuche, selbst aus vorklassischer Zeit, haben sich hier durch spätere Religionen und Riten hindurch erhalten. Die Türken, besonders die Türkinnen, hängen leidenschaftlich an den Volksbräuchen, die den Frühlingsanfang verherrlichen. Tamuz war der Gott des tiefen Wassers der Sumerer. Er wurde später zu Adonis und zu Attis in Anatolien. Am ersten Frühlingstag versammeln sich noch heute die Türkinnen am Meeresstrand und werfen Briefe mit ihren Wünschen ins Wasser. Man trifft auch etwa junge türkische Bauernmädchen mit einer einzelnen Rose im Haar. Die Rose war die heilige Blume der Aphrodite, und das Mädchen, das sie trägt, gibt zu erkennen, dass es noch unverheiratet ist. So ist die uralte, heidnische Vergangenheit im Alltagsleben der Mohammedanerfrauen bis heute lebendig geblieben.

Ionien

Hier sind wir mitten im Land der Tabak- und der Fruchtkulturen. Wohl sind die wichtigsten Sehenswürdigkeiten Ioniens die Städte Ephesus und Milet; doch ist das Land mit seinen Ebenen und Tälern, mit den von der Sonne verbrannten Strassen und dem Duft von Asphodill das eigentliche, typische Ionien. Es gab in der Antike zwölf ionische Städte, wovon aber nach Herodot Ephesus und Kolophon «wegen eines gewissen Verbrechens» von den Feiern des Apaturiafestes ausgeschlossen waren. Doch alle nahmen sie am panionischen Feste in der heiligen Stadt Panionium teil; diese liegt auf einem Vorgebirgszug, der sich vom Mycalegebirge westlich in Richtung auf die Insel Samos ins Meer fortsetzt. Ephesus steigt an den nördlichen Abhängen dieser Berge empor, bei der Bucht, wo der Fluss Kaistros ins Meer mündet.

An der Stelle des heutigen Ephesus standen im Laufe der Geschichte drei Hauptstädte der Epheser: die vor-hellenische, die hellenische und die byzantinische. Jede der drei Epochen erstreckte sich über Jahrhunderte. Das erste Ephesus, dessen Ursprung bis in die mythische Urgeschichte zurückreicht, stand auf einem Hügel über dem Meer. Diese Stadt soll zuerst von den Amazonen rund um ein Heiligtum der Artemis gegründet worden sein. Im Artemishymnus von Callimachos heisst es: «Dir errichteten auch die kriegerischen Amazonen in Ephesus am Meer ein Bildnis unter einem Eichenbaum, und Hippo brachte dir Opfer dar, und sie selbst tanzten zuerst einen Kriegstanz mit Schild und Rüstung.» Callimachos schliesst mit den Worten: «Niemand möge den jährlichen Tanz unterlassen.» Ursprünglich war die Tempelstätte ein Temenos, ein heiliger Hain. Später bot eine Nische in einem Baumstamm dem heiligen Bildnis, einem heiligen Stein – wohl meist einem Meteoriten –, Schutz.

Es gibt genügend Beziehungen zwischen den eine Muttergöttin verehrenden Hethitern und dem kriegerischen Frauenstaat der Amazonen, um die Theorie zu stützen, dass die hethitischen Priesterinnen und ihre militärischen Siege die Grundlage für die Mythen über die Amazonen bilden. Ihre Hauptstadt war Themiskyra am Flusse Thermodon, der in das Schwarze Meer floss. Der Ort liegt nahe am Zentrum des hethitischen Machtbereiches. Die jüngsten archäologischen Funde sprechen gegen eine Einwanderung von Ioniern und deren Begegnung mit den Kariern. Denn man hat dort, wo das erste Ephesus lag, zahlreiche mykenische Überreste gefunden, und damit bewiesen, dass die Achäer schon viel früher als im elften Jahrhundert vor Christus, der vermutlichen Zeit der ionischen Wanderbewegung nach Kleinasien, hier waren.

Das erste Ephesus und Milet, beide im Süden des Mycalegebirges, gehören zu den Geburtsstätten der europäischen Kultur, welche eigentlich zwei Wurzeln hat: die experimentierende Wissenschaft und die christliche Religion. Die Ionier waren das erste Volk der Welt, das sein Denken von den Fesseln des religiösen Rituals befreite. Sie kannten keine moralisierenden Götter, welche die Menschen mit göttlichen Imperativen behelligten. Sie hatten auch keinen religiösen Glauben, was das Leben nach dem Tode betrifft. Für sie waren die Toten wesenlose Schatten. Die Ionier vertraten die Ansicht, dass der Zerfall des Körpers allen seinen Funktionen, besonders auch dem Denken, ein Ende setze. Der Tod zerstörte den Körper, also zerstörte er auch das Ich. Ohne irgendwelche mit dem Leben nach dem Tode zusammenhängende Hoffnungen oder Ängste, die ihr Denken mit A-priori-Begriffen über das Schicksal befangen hätten, waren sie freie Menschen, welche die Schöpfung als etwas völlig Diesseitiges betrachteten.

Damals hatte sich die Sklavenhaltung noch nicht bis zu dem Stadium entwickelt, da eine reiche herrschende Schicht oder eine Oligarchie alles Künstlerische, Handwerkliche und Technische verachtete. So hat in der Stadt Milet der menschliche Geist zuerst versucht, das Universum rein materialistisch zu erklären. Thales von Milet behauptete, dass Sonne und Mond nicht Götter, sondern feurige Körper seien. Er sah in der Vielfalt und Komplexität aller Phänomene ein universelles, materielles Element: das Wasser, aus welchem alles durch ständigen Wechsel hervorgeht. So begann die milesische Denkerschule. Einer ihrer hervorragendsten Exponenten war Anaximander, der die Sonnenuhr konstruierte und als Grundlage des Universums eine unbestimmte, unbegrenzte Substanz annahm, die nicht materiell ist, sich aber in materielle Formen verwandeln kann. Ein anderer Denker, Anaximenes, sah in der Luft die Grundlage des Weltalls und kam zum Schluss, dass diese durch Kondensation und Verdünnung die anderen Formen der Materie erzeuge. Nicht die Antworten, die sie fanden, wohl aber die Fragestellung dieser Denker muss uns heute noch als genial erscheinen.

Ein anderer Philosoph aus Milet, Leucippus, stellte eine neue Hypothese über die physische Grundlage des Weltalls auf, indem er nicht eine einzelne Materie, sondern eine Vielfalt derselben annahm. Die ionischen Denker nannten sich nicht Philosophen, sondern *Physiologoi,* also Physiker im modernen Sinne. Nach ihnen war die Materie ewig, aber lebendig; in diesem Punkte waren sie sogar Lavoisier voraus, der die Materie als tot definierte.

In der Zeit von 540 bis 475 v. Chr. wurde im ersten Ephesus der grösste Denker der Antike geboren: Heraklit. Er ersetzte die konstanten materiellen Atome seiner Vorgänger durch einen ständigen Wechsel als Basis der Wirklichkeit. Nach ihm ist das Sein die Antithese des Nichtseins, und die Realität liegt zwischen Sein und Nichtsein. Er sagte, dass sich die Materie in ständigem Wechsel befinde, *panta horeyi* [sie bewegt sich immer], *kay auden meneyi* [sie hört nirgends auf] und *panta reyi* [sie fliesst ständig]. Demokrit von Thrakien, anderseits, ging von einer grossen Zahl verschiedener Zusammensetzungen und Verbindungen aus, welche die von den Sinnen wahrgenommene Welt hervorrufen.

Für alle diese Spekulationen der Physiologoi waren die Götter nichts als primitiver Aberglaube. Die anatolischen Atomtheoretiker – angefangen mit Thales, doch sogar der Dynamiker Heraklit – vertrieben die Gottheiten von der Erde, aus dem Meer, den Sternen und dem Leben überhaupt, da die Religion sich für das Abenteuer des Denkens als Hemmnis erwies. Sie wurden deshalb in Griechenland als Atheisten gebrandmarkt, da Athen das Zentrum der Deisten war. Anaxagoras von Clazomenae, von seinem Freunde Perikles nach Athen eingeladen, wurde dort zum Tode verurteilt, weil er gesagt hatte, dass Sonne und Mond nicht Götter, sondern Materie seien.

Dieser Ausbruch von intellektueller Aktivität in Ionien ist eines der spektakulärsten Geschehnisse der Menschheitsgeschichte. Nie zuvor hatte sich etwas Ähnliches ereignet. Es ist auch nicht überraschend, dass dieses Land, das Homer hervorgebracht hat, zur Geburtsstätte der Wissenschaften wurde. Die Physiologoi waren praktische Menschen, welche sich mit den praktischen Geschäften ihrer Städte befassten, während in Griechenland die gegenteilige Ansicht vorherrschte. Dort wurde die Philosophie zur rein theoretischen Weltbetrachtung, streng abgesondert vom Alltagsleben; denn das kontemplative Denken wurde als wesentlichstes Mittel zur Veredlung der Seele angesehen. Es hängt dies mit orphischen und eleusischen Einflüssen zusammen, wie sie sich in den pythagoräischen Lebensgrundsätzen verkörperten. Die orphischen Lehren aber führen zur Askese als Mittel zur Erlangung von mystischen Erkenntnissen, zur Ekstase und so zur Vereinigung mit Gott. Durch Pythagoras gelangten sie nach Griechenland und zu Plato. Während also eleusische Mysterien und Orphismus völlig auf das Leben nach dem Tode gerichtet waren, wandten sich die Denker Anatoliens, in einem gänzlich anderen Geist, dem Diesseits zu.

Unter den Auswirkungen des Peloponnesischen Krieges von 431 bis 404 v. Chr. stagnierte die Philosophie in Kleinasien. Die ionischen Städte waren gezwungen, ihr Schicksal mit der einen oder andern der kriegführenden Mächte, mit Sparta oder Athen, zu verbinden, wie es die Umstände erforderten. Beide versuchten, sie wirtschaftlich unter ihre Hegemonie zu bringen, und sie litten sehr unter dem Kriege.

Schon vor dessen Ausbruch griff Athen die Insel Melos an, die ausserhalb seiner Seehoheit lag. Sie ergab sich der Übermacht, und alle kriegstüchtigen Jünglinge und Männer wurden hingerichtet, die übrigen in die Sklaverei geschickt und die Insel zu einer Kolonie Athens gemacht. Die Spartaner waren nicht humaner in der Behandlung der Städte, die sie belagerten. Die Bewohner von Platea wurden zum Beispiel so ausgehungert, dass sie Menschenfleisch assen, und als sie sich schliesslich den Belagerern ergaben, wurden sie hingemetzelt und ihre Stadt dem Erdboden gleichgemacht. Die anatolischen Städte, welche sich dem athenischen Bund anschlossen, waren eigentlich nur Satelliten unter athenischem Joch. So verurteilte Athen die ganze Bevölkerung von Lesbos zum Tode und vollstreckte dann nur aus politischen Gründen das Urteil nicht, zog aber die lesbische Flotte ein und teilte die Insel in dreitausend Landstücke auf, welche an athenische Bürger verpachtet wurden. Diese Grundstücke wurden wohl von Lesbiern bebaut, doch mussten diese an die Besitzer sehr hohe Zinsen entrichten.

Ephesus

Auch einer kurzen Beschreibung von Ephesus sind einige Bemerkungen über seine geschichtlichen Epochen, seine verschiedenen politischen Systeme, seine Philosophie und seine Ästhetik vorauszuschicken. Im ältesten Ephesus stand der bekannte Artemistempel, eines der Sieben Weltwunder. Er war viermal so gross wie der Parthenon und wurde zum Vorbild aller Tempel im ionischen Stil, der im Altertum als klassisch, das heisst vollkommen galt. Während der korinthische Stil schon überladen und leicht dekadent wirkt, ist der ionische, wie schon sein Name sagt, der Stil des erfinderischen ionischen Geistes. Der Plan zum Artemistempel stammt von Chersiphon von Knossos und seinem Sohn Metagenes, während zwei Epheser, Peonius und Demetrius, hauptsächlich für den Bau, der zweihundert Jahre dauerte, verantwortlich waren.
Man kann diesen Tempel auch als die erste Bank der Welt bezeichnen; denn ihm gehörten wertvolle Ländereien, Steinbrüche, Fischrechte und Weiden in der Gegend des Kaistrostales. Er besass eine ausserordentliche Fülle an Tempelschätzen und stellte ein Jahresbudget auf. Er war die reichste Depositenbank der Antike, lieh Summen gegen Schuldscheine und stellte Kreditbriefe aus; die Reichen vertrauten ihm ihre Gelder und Wertsachen zur Aufbewahrung an, weil das Asylrecht, das die heiligen Stätten genossen, ihnen jede Sicherheit bot. Der Tempel hatte als Bank des ganzen Orients internationalen Charakter. Er soll von einem Wahnsinnigen, Herostratos, in Brand gesteckt worden sein. Der Bau besass 127 mehr als zwanzig Meter hohe Säulen, war aber ausser dem Tor und einigen Deckenbalken sowie zwei engen Treppenhäusern völlig aus Stein.

Tag und Nacht wurde der Artemistempel von einer berittenen Truppe, die ihn ständig umkreiste, beschützt. Im Innern befanden sich ausser den etwa hundert Priestern weitere Wachen. So erscheint es höchst unwahrscheinlich, dass er von einem einzelnen hat angezündet werden können. Obwohl die Türken im Parthenon grosse Mengen an Schiesspulver deponiert hatten und die Venezianer mit Brandgeschossen darauf feuerten und ihn sprengten, steht dieser Tempel zum grössten Teil auch heute noch. Der Tempel von Ephesus war aber viermal grösser! Man muss annehmen, dass ihn die Priester selbst plünderten und, um die Diebstähle zu verbergen, ihn nachher in Brand steckten und dann einen Verrückten beschuldigten, der sich nicht verteidigen konnte. So werden in der Geschichte oft vage Hypothesen von einer Generation zur andern als historische Wahrheiten überliefert.

Der Tempel wurde später vom Erzbischof von Konstantinopel endgültig zerstört. Kaiser Justinian benutzte ihn im sechsten Jahrhundert als Steinbruch für seine byzantinischen Bauten in Konstantinopel.

Die Feierlichkeiten zu Ehren der Göttin Artemis, die aus den Mysterien und den eigentlichen Festlichkeiten bestanden, dauerten jedes Jahr einen Monat. Die Mysterien wurden während zweier oder dreier Tage im Frühling abgehalten. Eine Prozession von Pilgern zog zum Magnesiator hinaus auf den heiligen Berg Solmissos, wo die heilige Höhle Ortygia lag. Unter den Bäumen im kühlen heiligen Hain am Ufer des plätschernden Baches Cenchryos fanden dann die feierlichen Opfer statt. Dieser Ort heisst heute Panaya Kapulu, und die katholische Überlieferung nimmt an, dass die Jungfrau Maria ihre letzte Lebenszeit hier verbracht habe.

Tacitus schreibt in seinen Annalen, dass es in Kleinasien so viele nahe beieinanderliegende heilige Stätten gegeben habe, wo Schuldige eine Freistatt hätten finden können, dass es der weltlichen Justiz unmöglich gewesen sei, sie zu verhaften. Um Abhilfe zu schaffen, mussten alle Sanktuarien Vertreter nach Rom senden und die Authentizität ihrer Heiligtümer beweisen.

Während der dreissig Tage dauernden Festlichkeiten in Ephesus zu Ehren der Göttin sollte jedermann fröhlich sein, «ohne einen einzigen Tag durch irgendeine Arbeit zu entweihen». Die Artemisstatue wurde, wegen ihrer engen Beziehung zur See, ans Ufer getragen, gewaschen und symbolisch mit Salz aus dem Meer genährt. Die Teilnehmer an diesen Feierlichkeiten waren die Hohenpriester, genannt Megabyzen, die jungfräulichen Mädchen, die zahllosen Diener der Göttin, Priester, Priesterinnen, heilige Herolde, Trompeter, Zepterträger, Theologen, die Reiter der Tempelwache, die Ankleiderinnen der Göttin, Gaukler, Akrobaten und Flötenspieler.

Der Artemistempel war für die damalige Zeit ein Gebäude in einem völlig revolutionären Stil. Der dorische Stil war noch primitiv gewesen; doch hier in Ephesus wurde nun der Prototyp des neuen ionischen Stils, der zum klassischen an sich werden sollte, geschaffen und zur höchsten Vollendung entwickelt. Ein in seiner Art ebenso hervorragendes Denkmal der Baukunst wurde im sechsten Jahrhundert von Justinian, der zur gleichen Zeit die Hagia Sophia erbaute, errichtet: die kreuzförmige Basilika des Heiligen Johannes, ein riesiges Gebäude mit vier Kuppeln längs des Kreuzes und je einer an den Seitenschiffen, die von vier mächtigen Säulen getragen werden. Das Grab des Heiligen Johannes befindet sich im Schnittpunkt der Kreuzarme.

Unter Theologen gilt immer noch nicht als sicher, ob der Evangelist Johannes und der Apokalyptiker zwei verschiedene oder eine und dieselbe Person waren. Heute nimmt man jedoch vorwiegend das letztere an, weil in der Offenbarung die sieben ersten Kirchen Kleinasiens erwähnt werden. Anderseits spricht die Tatsache, dass der Stil der Apokalypse von demjenigen des Evangeliums so ganz abweicht, für zwei verschiedene Autoren. Es ist nun aber wohl möglich, dass der Evangelist Johannes in seiner Jugend nach Ephesus kam – wenn er überhaupt jemals dort gewesen ist – und ein sehr hohes Alter erreichte, was den Stil der Offenbarung als Altersstil erklären würde. So hätte also das Grab des Evangelisten in Ephesus zugleich als Grab des Apokalyptikers zu gelten. Ausser zahlreichen anderen archäologischen Überresten sind vom ersten Ephesus noch das byzantinische Tor der alten Stadtmauer und, auf einem Hügel, die türkische Seldschukenburg mit ihren Türmen erhalten.

Durch absichtlich angefachte Waldbrände, um Boden für die Landwirtschaft und Weiden zu gewinnen, wurden schon in der Antike die Berge zu kahlem Gelände gemacht, von wo dann die Winterregen die Erde zur Küste herabschwemmten und das Land völlig zerstörten. Im Landesinnern verursachten die regenlosen Jahreszeiten Erosion, was Hungersnot zur Folge hatte, während die natürlichen Häfen in Malariasümpfe verwandelt wurden. Sicher haben so Hunger und Malaria viel zum Untergang der ionischen Zivilisation beigetragen. Die Wälder rächten sich für ihre Zerstörung.

Die Bewohner des antiken Ephesus waren des Glaubens, die Malaria sei eine von den Göttern gesandte Pest, und opferten ihnen, um sie günstig zu stimmen. Als die Opfer unerhört blieben, wurde der Ort als von den Göttern verflucht betrachtet. Zur Zeit von Lysimachos wurde daher in einiger Entfernung von der ersten eine zweite Stadt gegründet, das hellenistische Ephesus, welches auf zwei Hügeln und auf dem breiten Berg Koressos, unmittelbar westlich des Berges Pion, entstand. Die Mauer des Lysimachos erstreckte sich über den Grat des Koressos in einer Länge von ungefähr neun Kilometern. Damals versandete auch der Hafen der Stadt, und das Meer zog sich zurück. Das christliche Zeitalter brach an. Mittlerweile waren aber auch die Sümpfe des ersten Ephesus ausgetrocknet, und so konnte eine dritte, byzantinische Stadt am Ort der ersten erbaut werden. Die Johannesbasilika, die Moschee von Isa Bey, das byzantinische Stadttor und die Burg auf dem Hügel gehören dieser Epoche an.

Unter den Überresten der hellenistischen Stadt gibt es besonders zwei interessante Sehenswürdigkeiten. Zunächst die sogenannte «Höhle der sieben Schläfer». Sieben verfolgte Christen flüchteten in eine Höhle, wo sie sich versteckt hielten und von den Verfolgern eingemauert wurden. Sie schliefen während der Regierungszeit des Kaisers Decius ein und erwachten erst zweihundert Jahre später unter dem Kaiser Theodosius, glaubten aber, nur eine Nacht geschlafen zu haben. Sie erzählten, was sie erlebt hatten, und verschieden. Jetzt liegen in der Höhle Tausende von Gräbern schichtenweise übereinander wie Bienenwaben. Drei Kirchen sind darin erbaut worden. Das älteste christliche Denkmal ist das orthodoxe Synaxar, ein Heiligenkalender. Hier wird erwähnt, dass Maria Magdalena in Ephesus gestorben und in der Höhle begraben sei. Ihr Name wurde in der Tiefe derselben auf einer Grabnische gefunden. Vielleicht wurde die Höhle ihretwegen zu einem heiligen Ort und die Legende von den sieben Schläfern nachträglich erfunden. Da dokumentarisch bezeugt ist, dass Maria Magdalena hier war, muss wohl auch die Jungfrau Maria an diesem Ort geweilt haben; doch während die orthodoxe Kirche den Aufenthalt Maria Magdalenas in Ephesus annimmt, ist sie überzeugt, dass die Jungfrau Maria im Heiligen Land in Gethsemane starb, wogegen die römisch-katholische Kirche die entgegengesetzte Version vertritt.

In Ephesus gibt es einige grosse Gymnasien, unter denen das Mädchen- oder Ostgymnasium das wichtigste ist. Da die Ursprünge der kleinasiatischen Zivilisation matriarchal waren, erhielten die Frauen hier eine bessere Erziehung als anderswo. So kamen die gebildetsten Frauen der Antike alle aus Anatolien: Artemisia, die junge Königin von Halikarnassos, die Verbündete von Xerxes, welche ihre Flotte in der Schlacht von Salamis persönlich befehligte, Aspasia von Milet, deren Haus Perikles nie verliess, ohne sie zweimal umarmt zu haben, und die an den 49 Gesprächen der Philosophen Sokrates und Plato teilnahm – Perikles erhielt vom Rate von Athen die Erlaubnis, sie zu heiraten: eine grosse Ausnahme, da Athener sonst nur Athenerinnen ehelichen durften –, Archeanassa von Kolophon, die von Plato geliebt wurde, und die grosse Sappho von Lesbos.

Das zweite Ephesus ist eine Ruinenstadt, wie es sie sonst nirgends gibt. Es ist der einzige Ort, der ein solch klares Bild darüber vermittelt, was eine antike Stadt, ein grosses Kulturzentrum, wirklich war. Die schneeweissen Marmorstrassen sind von absoluter Sauberkeit, dank einem vollkommenen Kanalisationssystem, das sich mit den Kanalisationen moderner Städte messen kann. Die Stadien rufen uns den Wettstreit der Athleten und die jubelnden Menschenmassen in Erinnerung, und die riesigen Agoren [Marktplätze] das Stimmengewirr der Händler. Hier trifft man noch heute an den Brunnen die wasserschöpfenden Frauen; graziös, mit ihren grossen Amphoren wie zur Zeit der Antike, über ihre Ehemänner schwatzend, während das Wasser auf die Steinfliesen überläuft.

Hier sehen wir noch jetzt die riesigen Bäder, etwa dasjenige der Scholastika, wo die ankommenden reichen Händler zum Trunke mit wollüstigen, tanzenden Sklavinnen eingeladen wurden und man ihnen, wenn sie nach vierzehn Tagen weiterzogen, die Rechnung präsentierte; das elegante Odeon, wo die Lyra und die schrillen Flöten ertönten, die Bibliothek des Prokonsuls Celsius, wo die Gelehrten die Papyri nach Schätzen der Wissenschaft durchstöberten. Es gab ferner die Tempel mit den Gläubigen, die in mystischer Hingabe vor dem Altar des Gottes Serapis knieten und Weihrauch verbrannten, oder die Bordelle, in denen die Besucher ihre Sandalen ausziehen, die Füsse waschen und zu Aphrodite beten mussten.

Da war auch die Marienkirche, wo sich im Jahre 431 n. Chr. das Konzil versammelte, um die Attribute der heiligen Jungfrau festzulegen, und wo der Erzbischof von Alexandrien dem Erzbischof Nestorius von Konstantinopel den Bannfluch entgegenschleuderte. Als Häretiker wurde Nestorius vom Konzil exkommuniziert, und nach langen Streitigkeiten wurde Jesus Christus zum Sohne Gottes erklärt. Auf der breiten arkadischen Strasse, die zu beiden Seiten von Hunderten von Statuen flankiert war, fuhr Marcus Antonius, als Bacchus gekleidet, mit Kleopatra im offenen Wagen spazieren. Ganz Ephesus jubelte ihm in Trachten von Bacchanten, Bacchantinnen und Maenaden zu. Durch die gleiche arkadische Strasse schritt auch der enttäuschte Scipio Africanus zum Meeresstrand, seinen Freund Terenz zur Seite.

Hier wandelte Petronius Arbiter als Prokonsul; Hannibal lebte einige Zeit an diesem Orte; Mithradates, der König von Pontus, kam siegestrunken hierher, nachdem er achtzigtausend Römer erschlagen hatte. Die Namen der Könige, Kaiser, Dichter, Den-

75 SOEKE Junge Frauen in alttürkischen Trachten

76 ANATOLIEN Schule und Moschee

77 ANATOLIEN Artesischer Brunnen in Steppe

78 Belkis Alte Seldschukenbrücke

79 MANAVGAT
Letzter Stromkatarakt

80 ALANYA
Hafen, Reede und Roter Turm

81 ANTALYA Moschee des Ala-eddin-Kaiqobad

82 ANAMUR KALESI Korsarenfeste vor Cypern

83 SIDE Theater der Vierzehntausend

84 MYRA   Altlykische Grabfassaden der Nekropole

ker und Künstler, die Ephesus besuchten, würden hundert Seiten füllen. Es seien nur Arkhilokhos, Mimnermos von Kolophon, Apelles von Kolophon, Phokylides von Milet, Kallinos, Hipponax, Antimachos, Xenophon und Parhassios erwähnt.

Die Geschichte von Ephesus ist sehr wechselvoll, ein ständiges Kommen und Gehen von Eroberern: die Kimmerer, Krösus, unter dem die Stadt gute Zeiten erlebte, und Cyrus, der Perserkönig. Die Athener stachelten die Ionier zur Revolte auf, liessen sie aber nach ihrer Niederlage im Stich. Später kehrten sie dann zusammen mit den Spartanern als Eroberer zurück. Wiederum überfluteten die Perser das Land, gefolgt von Alexander dem Grossen, der alle Probleme der Welt mit dem Schwert lösen wollte und den Gordischen Knoten zerschnitt. Nach seinem kurzen Leben wurde er zum Gott erhöht. Seine Generäle aber machten Kleinasien zum Schlachtfeld. Lysimachos kämpfte gegen die Seleukiden, Antiochus kam, Antigonus ging. Auch Pergamon kam und ging wieder. Die Römer standen vor den Toren. *Sic transit gloria mundi.*

Wir haben uns etwas eingehender mit Ephesus beschäftigt, weil es gewissermassen die klassische Zivilisation illustriert. Hier erreichte die kleinasiatische Halbinsel, die heutige Türkei, zum erstenmal vor sieben Jahrhunderten eine ethnische und politische Einheit.

Südlich des Mycalegebirges dehnt sich die Ebene des Flusses Mäandros aus. Rechts liegt der flache Horizont, aber im Süden erhebt sich wie eine Wand das Latmagebirge. Der Berg Latma selbst ist der Sitz des Mythos von Endymion. Mitten durch die Ebene mäandert der Mäandros in seinem gewundenen Flussbett hin zum Meer. In ungestümem Lauf führt er riesige Erdmassen mit sich. In der Antike konnten die Landbesitzer den Fluss, der ihr Land wegschwemmte, vor den Gerichten Milets verklagen, worauf er gebüsst und der Landschaden aus dem Ertrag seines Flusszolls wiedergutgemacht wurde. Jahr um Jahr wurde er so zur Rechenschaft gezogen. Milet, das sechs Häfen hatte, liegt auf der Südseite des Mäanders. Zwanzig Kilometer südlich der Stadt steht der riesige Apollotempel von Didyma. Am Südhang des Mycalebergzugs in Richtung auf das westlich ins Meer hinausragende Vorgebirge liegt das Städtchen Priene.

Halikarnassos

Halikarnassos, das heutige Bodrum, war ursprünglich eine karische Stadt an der Südwestküste Kleinasiens. In der ältesten Zeit erstreckte sie sich nur über die Insel Zephyria, so genannt, weil dort ewiger Frühling zu herrschen schien. Im Mythos haucht der Gott des Frühlings und der Winde, Zephyros, der Blumennymphe Chloris das Leben ein, und sie gebiert Carpos, den Gott der Früchte. Heute steht auf der Halbinsel Zephyria die riesige Burg der Johanniter, die dem Heiligen Petrus gewidmet war und Petronium hiess, was auf türkisch zu Bodrum wurde. Der Name der antiken Stadt Halikarnassos stammt aus einer untergegangenen kleinasiatischen Sprache. In historischer Zeit dehnte sie sich nach Westen aus und umfasste auch Salamakis, eine Stadt der Karier und Lelegier. Später kamen die Dorier aus Troezen und Argos, deren legendärer Gründer Antaios war, der Sohn der Erdgöttin Gaea, der von Zeus nach der Schlacht der Titanen auf die Erde niedergeworfen wurde und durch jede Berührung mit der Mutter Erde neue Kräfte gewann. Stolz nannten sich deshalb die Dorier Antaeaden.

In frühgeschichtlichen Zeiten war Halikarnassos ein Mitglied der dorischen Hexapolis, welche auch Cos, Cnidos, Lindos, Camiros und Ialysos umfasste. In den Spielen zu Ehren des triopischen Apoll von Cnidos mussten die Sieger ihre Trophäen dem Tempel überlassen. Als aber ein Bürger von Halikarnassos, Agasicles, siegte und den Preis behielt, wurde die Stadt aus dem Bund ausgestossen. Sie hatte an Grösse und Handelsmacht die andern Glieder des Bundes schon so weit überflügelt, dass der Vorfall in Cnidos wohl nur ein Vorwand für ihre Ausschliessung war. Nach der lydischen Herrschaft wurde Halikarnassos eine Zeitlang Athen tributpflichtig. In ihr wurde Herodot um 480 v. Chr. geboren. Im gleichen Jahr befehligte die schöne junge Königin von Halikarnassos, Artemisia, die Tochter des Lygdamis, ihre eigene Flotte bei Salamis als Verbündete des Xerxes.

Herodot sagt: «Artemisia bewundere ich sehr, denn obwohl sie eine Frau war, führte sie doch gegen die Griechen Krieg; weil ihr Gatte tot war, hielt sie die Macht in eigenen Händen ... Sie zog selbst in den Krieg aus Mut und Tatendrang, obwohl es nicht notwendig gewesen wäre.» Zu Xerxes sagte sie am Vorabend der Schlacht: «Trage Sorge zu deinen Schiffen, wage keine Schlacht zur See; denn ihre Männer sind zur See den deinigen ebenso überlegen, wie Männer den Frauen überlegen sind.» Und weiter: «Es wurde den Kapitänen der athenischen Galeeren befohlen ... eine Belohnung von zehntausend Drachmen wurde dem, der sie lebendig gefangennehme, verheissen.» Denn die Athener erachteten es als Schande, dass eine Frau gegen sie kämpfte.

Nach ihrem Tode bestieg ihr Sohn Pisinadalis den Thron, darauf Hecatomanus, aus einem alten Geschlecht aus Mylasa, und im Jahre 377 v. Chr. wurde dessen Sohn Mausolos König der Stadt. Da Xerxes einigen Tyrannen die Herrschaft über ihre Städte gelassen hatte, war Mausolos im Grunde einer seiner Satrapen. Er machte Halikarnassos wegen seiner günstigen strategischen und schönen geographischen Lage zur Hauptstadt und verleibte ihm die Bevölkerung sechs weiterer Städte der Gegend von Pedasis ein. Während seiner Herrschaft erreichte die Stadt ihre höchste Blüte. Mausolos machte Anstrengungen, die benachbarten Inseln unter seine Herrschaft zu bekommen, und schürte die Revolte von Rhodos, Kos und Chios gegen Athen. Im Jahre 357 v. Chr. war seine Politik erfolgreich, und Caria wurde eine der grössten aegäischen Seemächte. Nach seinem Tode, 353 v. Chr., folgte ihm seine Gattin Artemisia II., die auch seine Schwester war, und zerstörte die Flotte von Rhodos, als dieses nach dem Tode ihres Bruders und Gatten abtrünnig wurde. Sie eroberte die ganze Insel und erwies sich als würdige Nachfolgerin von Artemisia I. als seefahrende Königin.

Das *Mausoleum* von Halikarnassos, eines der Sieben Weltwunder der Antike, wurde auch von Artemisia II. zum Andenken an ihren Gatten Mausolos begonnen. Nach ihrem Tode 351 v. Chr. regierte ihr Bruder Idrieus während sieben Jahren. Dessen Gattin und Mitregentin Ada wurde nach seinem Tode von Pixidorus nach Alinda verbannt und schloss im Jahre 334 v. Chr. mit Alexander dem Grossen ein Bündnis gegen Halikarnassos. Es kam zur Belagerung. Der Obersatrap Memnon, der die persische Flotte befehligte, hatte um die Stadtmauern einen tiefen Wassergraben ziehen lassen. Die Stadt wurde mit grosser Tapferkeit gegen die makedonischen Kampfwagen, die Kavallerie und die Phalanx verteidigt. Als Alexander die äusseren Mauern eroberte, die Zitadelle von Salamakis sich aber nicht ergab, befahl er, sie zu zerstören und die Bürger auf die umliegenden Dörfer zu verteilen. Königin Ada erhielt die Herrschaft über die Stadt zurück.

Nach ihrem Tode folgten als Herrscher Asandus, Antigonus 313 v. Chr., Lysimachus, Philip V. von Makedonien 201 v. Chr., Ptolemäus Epiphanes und im Jahre 190 v. Chr. die Römer. Obschon Ptolemäus ein Gymnasium, eine Stoa und einen Portikus errichtete, erholte sich die Stadt nie mehr von der Belagerung, und Cicero beschreibt sie als fast verlassen. Im Jahre 129 v. Chr. wurde sie und ganz Caria ein Teil der römischen Provinz Asia und direkt Rom unterstellt. Dies sollte durch die ganze römische und byzantinische Epoche hindurch so bleiben.

Im 11. Jahrhundert wurde Halikarnassos für kurze Zeit von den Seldschuktürken besetzt, aber von den Byzantinern zurückerobert. Es kam im 13. Jahrhundert in die Hände der Beys von Mentesche und wurde unter der Regierung von Beyazit I. dem ottomanischen Reich eingegliedert. Als dieses Reich im Jahre 1402 von Tamerlan in der Schlacht von Ankara vernichtet wurde, ergriffen die Kreuzritter, die Johanniter von Rhodos, von der unverteidigten Stadt Besitz. Sie begannen mit dem Bau einer Burg auf der Halbinsel Zephyria an der Stelle, wo die Akropolis der alten dorischen Stadt gestanden hatte. Der Bau dauerte 98 Jahre. Als Suleiman II. Rhodos erobert hatte, flohen die Johanniter aus Halikarnassos und liessen die mächtige Burg unversehrt, wenn auch leer zurück. Sie wurde im Ersten Weltkrieg beschädigt, ist aber grösstenteils noch erhalten und wird heute als Museum benützt.

Die Burg der Ritter des Johanniterordens

Das mittelalterliche Ritterschloss der Johanniter ist eine ausserordentlich feste Burg mit komplizierten Verteidigungsanlagen von Kasematten, Schanzen, Mauerwerken, Böschungen und befestigten Gegenböschungen, Glacis, Aussenwerken mit Wachttürmen und dazwischenliegenden Höfen. Sie bildet einen riesigen Wirrwarr von verschlungenen Gängen, welche durch Brücken miteinander verbunden, durch Türme geschützt und von Burggräben umgeben sind, und da sie die ganze Halbinsel Zephyria bedeckt, erhebt sie sich sozusagen direkt aus dem Meer empor. Die Wände sind mit den Wappen der Johanniter, aber auch mit Gebeten bedeckt, die vor allem um das Jahr 1500, als sich schon die ottomanischen Türken der Stadt näherten, eingeritzt wurden. In der Bauweise der einzelnen Türme erkennt man die verschiedensten europäischen Festungsstile; denn jede einzelne Nation der Kreuzritter baute ihren eigenen Turm.

Diese Festung ist die schönste ihrer Art, ein wahres Juwel des Mittelmeers. Der Bau wurde im Jahr 1415 begonnen und 1513 vollendet, aber schon 1523 wieder verlassen. Das Museum im Innern enthält seltene mykenische Töpfereien und ist einzigartig in der Welt. Der Meeresboden rund um Halikarnassos ist voller zackiger Riffe, die im Laufe der Jahrtausende ihren Tribut an Schiffen verlangt haben, und bildet so ein wahres Unterwassermuseum. Gegenwärtig sind die *American Geographic Society,* amerikanische Universitäten und Taucherklubs daran, seine Schätze vom Meeresgrund zu heben und ins Museum zu verbringen.

In Halikarnassos befand sich also eines der Sieben Weltwunder der Antike, das Grabmal des Königs Mausolos, das als Mausoleum zum Begriff geworden ist. Es bestand aus vier übereinanderliegenden Teilen: dem Erdgeschoss oder Podium, einer ionischen Säulenhalle, dem Pterium, einer Pyramide und einer Wagengruppe, der Quadriga. Die Baumeister hatten bei allem Sinn für Proportion und Harmonie die Kühnheit, vier

Monumente von verschiedener Stilart aufeinanderzubauen. Eine Pyramide hoch auf schlanken Säulen und Wänden zu errichten, war ein architektonisches Meisterstück, das die Welt zum Staunen brachte; doch war Kleinasien immer ein Land neuer Ideen gewesen. Im Jahr 1402 n. Chr. war das Mausoleum, obschon die Quadriga und die oberen Teile der Pyramide infolge von Erdbeben heruntergefallen waren, immer noch verhältnismässig gut erhalten. Als nun die Johanniter kamen, rissen sie das Bauwerk nieder, brannten aus den Marmorstatuen Kalk und schafften die Marmorblöcke weg, um sie als Bausteine zu benutzen. Kürzlich wurden zwei Fragmente eines Frieses aus einer Mauer gerettet, die sich jetzt im Burgmuseum befinden.

Vom antiken Halikarnassos ist fast nichts übriggeblieben. Es sind nur noch einige Teile der Stadtmauer, ein paar in die Felsen gehauene Katakomben und Überreste des östlichen Stadttores erhalten; alles andere liegt unter dem Boden. Im Jahre 1875 fand Newton einige Friese und brachte sie ins Britische Museum nach London.

Durch die Petersburg wird der Hafen in zwei halbmondförmige Buchten geteilt, die sich gegen das tiefblaue Mittelmeer öffnen. Am westlichen Ende befand sich die Stätte des Mythos von Salamacis oder Hermaphroditos. Beide Zwillingshäfen sind von blendendweiss getünchten Häusern umsäumt, zwischen denen die Palmen, Eukalyptusbäume und Büsche ein sattes Grün hinzaubern. Über der Stadt erhebt sich die Burg, und dem ganzen Strand entlang liegen die bunten Fischerboote vor Anker.

Die Umgebung von Bodrum ist nicht nur historisch bedeutend, sondern auch landschaftlich ausserordentlich schön. Grossartige wilde Gegenden wechseln ab mit idyllischen. Nachts funkeln die hellen Sterne über einem Land, das einer andern Welt anzugehören scheint. Der ganze Golf hat eine zauberhafte Küste, die in ihrer Weite und Unberührtheit grandios ist. An einigen Stellen erheben sich die Klippen bis zu tausend Metern über das Meer, andernorts ist die Küste von kleinen Flussmündungen und Buchten, zerfallenen Städten, Mauern, Türmen, Tempeln und Badestränden unterbrochen, hinter denen sich die majestätischen Berge erheben.

Von Priene führt eine weitere Strasse direkt nach Osten, an den alten Städten Tralles [Aydin] und Nisa [Sultan Hissar] vorbei nach Hierapolis [Pamukkale] und Laodicea. Diesen Abschnitt der Strasse kann man als den phrygischen bezeichnen; die Landschaft ist ganz anders als an der Südküste Kleinasiens. Die meisten Nomaden benützen die Strasse, um im Frühling und Herbst zwischen ihren Sommer- und Winterquartieren zu wechseln. Oft trifft man hier bis vier Kilometer lange Kamelkarawanen. Auf dem vordersten Tier reitet stets das schönste Mädchen des Stammes, weil seine Schönheit der Karawane Glück bringt. Nach einem türkischen Sprichwort ist es besser, mit einer schönen Frau schwere Steine zu schleppen, als mit einer hässlichen Honig zu essen.

Hierapolis

Bei Denizli an der nördlichen Seite des Mäandertales springt ein riesiger weisser Felsen aus dem Bergabhang hervor, auf dessen Sims in prachtvoller Lage, mit Sicht in die weiteste Ferne, die seit langem verfallene Stadt Hierapolis steht. Auf der andern Talseite erheben sich die dunkelblauen Felsen und blendenden Schneefelder des Cadmus-Gebirges. Hinter den Ruinen verschmelzen die sonnenversengten Berge Phrygiens, hie und da von bewaldeten Schluchten durchbrochen, rosafarben mit dem blauen Himmel. Vorn fällt die Terrasse steil gegen die öde, baumlose Wüste des Licustales ab. Über die Kante des Felsvorsprungs ergiessen sich seit Jahrtausenden heisse Quellen und lassen eine weiss-perlende, kalkig-schäumende Substanz zurück, die das Ganze aussehen lässt, als ob ein riesiger Fluss während des Absturzes plötzlich erstarrte. Es ist versteinerter Schaum, über welchem der Dunst der heissen Quellen wie ein Schleier hängt: ein Wirklichkeit gewordenes Phantom der Phantasie. An einigen Stellen haben die Thermalquellen champagnerkelchartige Formationen gebildet. Die Landschaft ist zugleich gigantisch und ungeheuerlich, eine Götterlandschaft, eine titanische Szenerie für die Walpurgisnacht, unheimlich und erhaben.

Dies alles ist das Werk der heissen Quellen, die in einem Teich entspringen, der Plutonium heisst. Sein Wasser ist blaugrün wie Smaragd und völlig durchsichtig. In der Antike muss eine marmorne Kolonnade, wahrscheinlich aus ionischen Säulen, den Teich umgeben haben, die von einem Erdbeben zerstört wurde. Die auf dem Grund des Wassers herumliegenden Säulenreste erscheinen wie ein Palast für Wassernymphen, um den herum rote Oleanderbüsche leuchten. Der Bach, dessen heisse Wasser seit Jahrtausenden daherströmen, hat das ganze Tiefland mit einer weissen Kruste bedeckt. Seit alter Zeit wird das Wasser in der Wollfärberei verwendet. Diese heissen Quellen sind es und ihre heilende Wirkung, die den Ruf von Hierapolis begründet haben.

Die heilige Stadt wurde wahrscheinlich im zweiten vorchristlichen Jahrhundert durch die Könige von Pergamon gegründet. Sie muss aber schon viel früher als heilbringende Stätte bekannt und bewohnt gewesen sein. Später kam sie unter römische Herrschaft, wurde durch Erdbeben zerstört, wieder aufgebaut und erreichte im zweiten und dritten Jahrhundert nach Christus ihre Blütezeit. Hier wurden zahlreiche Juden zum Christentum bekehrt, und der Heilige Philip erlitt im Jahre 80 n. Chr. in Hierapolis den Märtyrertod. Die stattlichen Ruinen nehmen die ganze Terrasse des Felsvorsprungs ein. Von einem Tor im Südosten führt eine von Säulenhallen flankierte Strasse in nordwestlicher Richtung quer durch die Stadt. Zur Linken liegen die Agora, zur Rechten die Ruinen einer kleinen Kirche und oben am Berghang ein grosses römisches Theater. Auf einer Anhöhe nördlich gegenüber befindet sich das Martyrium des Heiligen Philip, ein Beispiel der frühesten byzantinischen Architektur. Vor dem Plutonium finden wir Fragmente eines Nymphäums.

Weiter den Ruinen dieser von Säulen eingefassten Strasse entlang kommen wir zu zwei andern Kirchen, zunächst einer kleineren, dann der riesigen, dem Heiligen Philip geweihten. Die Fläche, welche die Friedhöfe der Stadt einnehmen, ist mehr als zweimal so gross wie die Stadt selbst, so dass man in Hierapolis füglich von einer Nekropolis, einer Stadt der Toten, sprechen kann. Es sind hier Gräber jeder Art: Sarkophage, Tumuli und, als Besonderheit von Hierapolis, die Wiegengräber, wo die Toten wie in einer zugedeckten, auf einem Sockel stehenden Wiege ruhen. Die Tumuli befinden sich in der nördlichen Nekropole, auf ihren konischen Hügeln stehen Grabsteine in Phallusform.

Hierapolis war auch Geburtsstadt Epiktets (60 bis 140 n. Chr.), des grossen stoischen Philosophen, der ursprünglich ein Sklave von Kaiser Neros Sekretär Apaphroditus war.

Hier gab es in der Antike eine Höhle, der giftige Gase entströmten, so dass die darüber hin fliegenden Vögel tot niederfielen. Sie wurde die Höhle Charons genannt. Heute noch sieht man einen Ort, den die Bauern mit grossen Steinen umgeben haben, damit das Vieh sich nicht hineinbegebe und dort sterbe: offensichtlich die mit Steinen und Schutt ausgefüllte Höhle des Charon.

Lykien

Die Westgrenze Lykiens liegt etwas östlich von Marmaris im südwestlichen Kleinasien. Ostwärts reicht es bis Pamphylien, wo der schneebedeckte Solyma und andere Gipfel des Taurusgebirges sich erheben.

Die antiken Schriftsteller betrachteten die Lykier als Kreto-Karier. Ihre Schrift ist bis heute nicht entziffert worden. Herodot schreibt von ihnen: «Diesen einen Brauch pflegen sie allein und stimmen darin mit keinem andern Volke überein, dass sie sich nach ihren Müttern und nicht nach den Vätern benennen.» Sie hatten also eine matriarchalische Gesellschaftsordnung, was für die antiken Anatolier charakteristisch ist. Der mythische Dichter Olew soll zu Ehren Apolls den Hexameter erfunden und ihn nach

Delos gebracht haben. In der *Ilias* werden die Lykier als treue Verbündete der Trojaner erwähnt; Glaukus, ein Lykier, führte seine Landsleute an, auch Pandaros und der mutige Sarpedon kämpften im Trojanischen Krieg; ihre Tapferkeit wird von Horaz und Ovid besungen.

Besonders typisch für dieses Volk sind seine in die Felswände gehauenen Gräber. Westlich von Marmaris erhebt sich, etwa zwei bis drei Kilometer vom Meeresstrand entfernt, die erste Stadt Caunos [Dalyan] mit ihrer Akropolis hinter sumpfiger Ebene. Schon von weitem sieht man an den Felswänden die lykischen Pfeiler und Giebel dieser Gräber. Weiter nördlich befindet sich Cibyra, auch mit einer Nekropole, einem Theater und andern Ruinen. Dann folgt Halynda, eine weitere Gräberstadt, mitten im duftenden Thymian.

Die grösste lykische Stadt war Telmessus [Fethiye]. Sie liegt inmitten der Felswände, die sich an einer blauen, kreisförmigen Bucht bis zu den Wolken erheben. Wie Bienenwaben sind diese Klippen von Gräbern durchbrochen, die oben an den Wänden direkt aus den Felsen gehauen sind, gross wie Tempel, mit ionischen Pfeilern, Giebeln und ganzen Fassaden. Der Xanthus-Fluss, Namensvetter desjenigen Trojas, fliesst mitten durch Lykien. An seinen Ufern liegen Städte, deren blosse Namen schon an die antike Gitarre und Flöte erinnern: Kemer, Tlos [Duver], Xanthus [Kinik] und Patara. Auch die Stadt Xanthus hat eine Nekropole mit Gräbern von vier verschiedenen Typen, und auf ihrer Akropolis befindet sich eine Stele mit einer noch nicht entzifferten lykischen Inschrift.

Die Bewohner des antiken Xanthus kannten bereits eine Staatsform mit proportionaler Volksvertretung. Als friedliches Volk gründeten sie schon vor der Zeit Alexanders einen Bund, der bis zur Römerepoche dauern sollte [43 n. Chr.]. Patara gilt auch als Geburtsort Apolls und des Heiligen Nikolaus. Die mächtigen Wellen, die, von Afrikas Küste her kommend, sich hier am Strande brechen, haben den Sand, den der Fluss mitführt, zu einer mächtigen Sandbank angeschwemmt und die Flussmündung vom Meer her unsichtbar werden lassen. Bei Windstille spiegelt sich der riesige Umkreis der waldbedeckten, steilen Berge der ganzen Bucht hinter ihnen im spiegelglatten Wasser. Hannibal wurde nach seiner Niederlage in Italien Feldherr von Antiochia, und bis Antigonus die Schlacht von Myonnesus verlor, kreuzte er vor diesen Küsten. Auch der Apostel Paulus kam auf seinen Reisen hier vorbei.

Lykische Siedlungen von geringerer Bedeutung sind Antiphellus [Kasch] und Polenus, ferner Tristomon mit einer langen Gräberreihe der Felsküste entlang. Hier finden wir die eigentlichen klassischen lykischen Grabstätten, nicht in die Felswand gehauen, sondern jede auf einem riesigen Felsblock. Im Grunde sind es Nachbildungen der hölzernen Wohnhäuser und Scheunen der antiken Lykier.

Gegenüber der Insel Dolichiste [Kekova] liegt das reizende Städtchen Aperlae mit einem Felsentheater. Die Bergketten verlaufen hier parallel zur Küste, eine hinter der anderen in immer hellerem Blau. Nach Andriace erreichen wir Myra [Demre], berühmt durch Sankt Nikolaus, der hier Bischof war, wo er auch starb. Im 10. Jahrhundert wetteiferten die Kaufleute von Bari und Venedig um den Besitz seiner Reliquien, und da jene von Bari den Venezianern zuvorkamen, mussten sich die letzteren mit den Gebeinen eines Onkels des Heiligen begnügen. Auch Myra liegt auf einer Anhöhe mit ganzen Reihen von lykischen Gräbern.

Nun kommen wir zum Kap Chelidonia, dem «Kap der Schwalben», welches, ausser demjenigen von Kiran im Keramischen Golf mit seinen über tausend Meter hohen Felswänden, das höchste Kap Kleinasiens ist. Fünf kleine, vegetationslose Felseninselchen ragen als Ausläufer aus dem Meer und bieten den aus Afrika zurückkehrenden Schwalben einen günstigen Rastplatz. Die starken Südwinde bedeuten eine ständige Gefahr für alle kleineren Schiffe, welche hier oft an den Felsen zerschellen. Die Stadt Olympus ist die letzte an der lykischen Küste; weiter östlich sind wir schon in Pamphylien, dessen schneebedeckte Gipfel, an Schönheit denen der Alpen ebenbürtig, vom Meere aus hinter unzähligen Bergketten sichtbar werden.

Hier erhebt sich der Solyma, ein Gipfel, den man über verstreute Felsblöcke, zwischen Oleanderbüschen und Ziegenherden wandernd, erreicht. Dort oben soll Bellerophon auf dem Pegasus die Chimäre, das feuerspeiende Scheusal mit dem Löwenkopf, dem Ziegenkörper und dem Schlangenschwanz, erlegt haben. Von dem Untier blieb aber doch die flammende Zunge übrig, die noch heute aus einer Felsspalte flackert. In der Nähe der Flamme stehen die Ruinen eines Hephästostempels.

Pamphylien

Auf einer Höhe von mehr als tausend Metern, einem Adlerhorste gleich, liegt die Stadt Termessus zuoberst auf dem Rosenberg, so genannt wegen der Fülle wilder Rosen, die im Frühling seine Abhänge bedecken. Diese Hänge sind so steil, dass die Stadt nur zu Fuss oder zu Pferd erreicht werden kann. Termessus war auch wohl deshalb die einzige Festung, welche Alexander der Grosse auf seinen vielen Feldzügen belagerte, ohne sie einzunehmen; er soll dabei ausserordentliche Verluste erlitten und ausgerufen haben: «Mein Weg ist noch weit; ich kann hier nicht meine ganzen Kräfte verschwenden.» Die Stadt besass ein grosses Forum und eine Nekropole mit schönen gemeisselten Sarkophagen, doch nicht im lykischen Stil. Am Rand des Abgrundes liegt das Theater, von wo aus sich ein prachtvoller Blick über die Bergketten und die grosse Ebene Pamphyliens darbietet.

Antalya wurde vom pergamenischen König Attalos gegründet und nach ihm benannt. Es liegt in einer wasserreichen Gegend des sonst sehr trockenen Kleinasien. Auf den Plateaus des Taurusgebirges entspringen ungefähr fünfundzwanzig Quellen, die sich als grössere und kleinere Bäche mit überaus klarem Wasser durch enge Schluchten in die Ebene ergiessen. Die vier grössten heissen Esen, Aksu, Koprusugu und Manavgat. Der reissendste von ihnen, der Aksu, rauscht mit ohrenbetäubendem Getöse von den Bergen herab und erinnert an die wilde Musik der Zimbeln und Pauken der Kybele-Priesterinnen des Altertums. In der Ebene beruhigt er sich und plätschert zwischen Oleandern dahin zur Küste, wo er in mehreren Wasserfällen ins Meer fliesst. Überall rauschen hier Kaskaden, dreizehn allein von den Felsterrassen der Stadt Antalya herab, und sechzehn Kilometer östlich davon fallen mächtige Wassermassen aus einer Höhe von sechzig Metern direkt ins Meer. Aber die meisten Flüsse der Gegend verschwinden in schwarzen Abgründen und treten einige zwanzig Kilometer entfernt wieder ans Tageslicht. Solche unterirdische Flussläufe werden *Duden* genannt.

Vom Meer aus gleicht die Ebene von Pamphylien, das «Land aller Volksstämme», einem flachen, grünen Ozean, dessen Wellen tiefer im Landesinnern mehr und mehr anschwellen, bis sie sich mit weissen Schaumkronen in der weiten Ferne als die Schneeberge des Taurus brechen. Der Duft, der über der Ebene liegt, ist unbeschreiblich: der herbe Lavendel, der stechende Geruch von Thymian und Oregan und der Hauch von Orangen-, Jasmin- und Myrtenblüten erfüllen die Luft und werden vom Wind bis nach Kilikien getragen.

Im antiken Pamphylien gab es fünf wichtige Städte: Antalya, Perge, Sillium, Aspendos und Side. Die Ruinen der Stadtmauern von Antalya stehen noch heute zwischen den Häuschen auf den Felsklippen rund um die tiefblaue Bucht. Die Stadt ist die einzige in Pamphylien, die durch Jahrhunderte hindurch immer bewohnt war. Sie hat sich über die alten Mauern hinaus in die grünen Zitronen-, Orangen- und Grapefruithaine ausgedehnt. Im Zentrum steht eine alte byzantinische Kirche, die heute als Museum dient, daneben ein schlankes, blaues Minarett und in der Nähe ein dem Kaiser Hadrian gewidmeter Triumphbogen, der später mit zwei angebauten Türmen zum Stadttor wurde. Überall in der Stadt finden sich byzantinische Kirchen, türkische Moscheen, Karawansereien mit Bädern und Bibliotheken, die der pergamenischen, römischen, byzantinischen und seldschukischen Epoche angehören.

Östlich der Stadt liegen die Ruinen von Perge, das an einer von Osten nach Westen führenden Strasse lag und mit dem Meer auch durch den in der Antike schiffbaren Fluss Cestrus verbunden war. Es bestand zuerst nur aus der Akropolis, dehnte sich dann nach Süden bis in die Ebene aus und zog sich im Lauf der Jahrhunderte wieder bis auf die Oberstadt zurück, wo es allmählich zerfiel. Aus den weissen Marmortrümmern erhebt sich noch das Theater und ein gewaltiges Stadion, das 15 000 Zuschauern Platz bot. Die Gewölbe unter den Sitzplätzen wurden als Läden benützt. Die lange, von Säulenhallen und Statuen flankierte Hauptstrasse von Perge übertrifft an Schönheit manche solche moderner Städte. Paulus und Barnabas gingen hier auf ihren Reisen nach Kleinasien an Land.

Weiter östlich braust der saphirblaue Manavgat, dessen Wasser reich an Regenbogenforellen sind, am Dorfe gleichen Namens vorbei dem Meer entgegen. Noch weiter östlich fliesst der Eurimedon, der im Altertum bis nach Aspendos schiffbar war. Hier sind die Sockel einer römischen Brücke sichtbar, während die Brücke selbst, ein prächtiges Bauwerk, aus der Zeit der Seldschuken stammt.

Aspendos lag auf einem flachen Bergrücken und dehnte sich zur Römerzeit bis weit über einen tiefer gelegenen Hügel aus. Der Ort ist voll von Ruinen antiker Agoren, eines kleinen Odeons, von Basiliken, eines imposanten Aquädukts und eines Stadions. Das eindrucksvollste Gebäude ist das römische Amphitheater, das am besten erhaltene seiner Art. Die römischen Bauten Anatoliens zeichnen sich alle durch eine besonders glückliche Harmonie aus, wie man sie wohl sonst nirgends trifft. Das Proszenium des Theaters erhebt sich über sieben Stockwerke, und vierzig Sitzreihen umschliessen das Auditorium, das ebenfalls in gutem Zustand ist.

Die grösste pamphylische Stadt war Side, mehr als ein halbes Jahrtausend älter als Antalya. Es war ein wichtiger Hafen an der Handelsstrasse von Antiochia nach Westen, eine Gründung der Aeolier von Cyme im Jahre 750 v. Chr. Auf seinem Markt wurden täglich Tausende von Sklaven versteigert. Side hat auch das eindrucksvollste Theater ganz Anatoliens, ein Forum mit Arkaden von imposanten Dimensionen, Aquädukte,

Tempel, byzantinische Mauern, eine byzantinische Kirche und ein Arsenal. Von den berühmten Besuchern dieser Stadt seien Alexander der Grosse, Mithradates, Julius Caesar, Pompeius, Marcus Antonius und Kleopatra erwähnt.

Alanya, eigentlich schon an der kilikischen Küste gelegen, das einmal die Winterhauptstadt der Seldschukkönige war, wurde später zum Piratennest und von Pompeius im letzten Jahrhundert vor Christus während des Krieges gegen Mithradates gesäubert. Die Seldschuken liessen sich im alten Coracesium nieder, wo Ala-eddin-Kaiqobad eine Burg errichtete. Nahe bei ihrem monumentalen, achteckigen Tor befindet sich das Arsenal, in welchem man fünf grosse Galeeren zugleich bauen konnte. Die Schlossmauer, die sich über die Felsen hinaufzieht, fügt sich harmonisch in die Landschaft. Hoch oben auf den Klippen stehen die charakteristischen hölzernen Häuser mit ihren Balkonen direkt über dem Meer, das Ganze gekrönt von einer Moschee.

Noch weiter östlich stand am südlichsten Punkte Kleinasiens das antike Anamurion, heute ein grosses Dorf namens Anamur. Die Stadt besass auch ein Theater und ein Odeon; am Strande stand ein riesiges mittelalterliches Schloss. Die Küste, vor allem gegen Osten, wechselt hier ab zwischen schroffen, ins Meer hinausragenden Klippen und bis zwanzig Meter breitem flachem Sandstrand.

Die Bewohner Pamphyliens und eines Teils von Kilikien waren Seeräuber und Sklavenhändler, welche die Meere unsicher machten und sich mit ihrer Beute in die uneinnehmbaren Schlupfwinkel ihrer Berge zurückzogen. Kurz vor der Römerherrschaft hatten sich die Piratenstämme der ganzen kleinasiatischen Küste zu einem mächtigen Staat zusammengeschlossen, an dessen Spitze tollkühne Abenteurer standen. Noch heute sieht man ihre Felsennester hoch über den Schluchten, die das Tafelland durchziehen. Mit ihren enormen Mauern, Türmen und Zinnen direkt über den Abgründen trotzten sie jedem Versuch der Obrigkeit, sie einzunehmen.

Im Altertum lieferten die dunklen Zedernwälder, die das ganze Land bedeckten, Holz für ihre Seeräuberschiffe. Noch heute sieht man hoch über den Felswänden der Schlucht, die der Fluss Lamas mitten durch das Gebirge grub, viele völlig zerfallene Seeräuberhorste. Von der Küste aus scheinen sie mit ihren kastellartigen Konturen wie prächtige Städte aus dem Märchenland; doch hausen nur noch Bären und Steinböcke in ihren Mauern.

Vor den Toren Antiochias endet diese Küste Kleinasiens, welche so reich an Naturschönheiten ist und an geschichtlicher Vergangenheit, die Ehrfurcht gebietet.

Cypern

Insel der Vielfalt

Cypern gleicht einer Wasserschildkröte, die den Kopf nach Osten ausstreckt, als ob sie sich beeile, auf dem nahegelegenen asiatischen Festland Fuss zu fassen. Den Schild bilden die Bergkette von Kerynia im Norden und das Troodosmassiv im Westen, dessen höchste Erhebung [2134 m] Olymp heisst, was als Sinnbild für den griechischen Charakter der Insel zu gelten hat. Im Süden hingegen öffnet sich Cypern auch den ebenfalls nicht weit entfernten afrikanischen Gefilden. Kein Wunder, dass dieses seltsame Inselgebilde weit mehr noch als die übrigen griechischen Inseln und das griechische Festland in den Brennpunkt der Auseinandersetzungen zwischen sehr verschiedenartigen und stets rivalisierenden Welten geriet, wie Hellenismus und Orient, Christentum und Islam, Rom und Byzanz, griechischen und türkischen Nationalismus. So bildet diese nach Sizilien und Sardinien grösste Insel des Mittelmeers mit einer Länge von 224 Kilometern und einer höchsten Breite von beinahe 100 Kilometern eine geradezu verwirrende Fülle und Vielfalt von Baudenkmälern aller Art aus den verschiedensten Zeitaltern und Kulturkreisen. Doch dieser historisch gesättigte Boden liess Cypern nicht etwa zu einem «reinen Museum» erstarren. Hier ist die Heimat einer lebensfrohen, bisweilen auch heissblütigen Bevölkerung. Die Insel bietet dem Reisenden zudem den faszinierenden Kontrast zwischen einladenden Küsten, wilden Bergen, herben, kahlen Ebenen und anmutigen Wäldern in welligem Gelände. Naturfreunde und Kunstliebhaber kommen gleicherweise auf ihre Rechnung.

Legendäres

Der Ursprung der Inselbevölkerung liegt im Dunkel. Es lässt sich lediglich nachweisen, dass Cypern wohl längere Zeit von den Phönikern besiedelt war und die Bevölkerung offenbar sehr früh schon in ihrer Lebensweise und in ihrem Handwerk unter ägyptischem Einfluss stand. Durch den Einfall der Heerscharen des Pharaonen Tuthmosis III. nach dem Jahre 1500 v. Chr. geriet die Insel vollends unter ägyptische Herrschaft. Zwischen dem 14. und 8. vorchristlichen Jahrhundert machten sich aber mehr und mehr die griechischen Mykener und Achäer in diesem Brennpunkt des Welthandels ansässig und teilten schliesslich Cypern nach dem Muster ihres Mutterlandes in verschiedene Stadtstaaten auf.

Bei den alten Griechen hiess die ursprünglich vulkanische und vermutlich eher rauhe Insel «die Glückliche», um die sich alsogleich zahlreiche Legenden spannen. So soll Aphrodite, die Göttin der Liebe, der Fruchtbarkeit, des Meeres und der Schiffahrt, in der Nähe der Stadt Paphos an der Westküste dem Schlamm [«Aphros»] des von Uranos befruchteten Meeres entstiegen sein. Ihr wurde, wie zahlreiche Überreste von alten Tempeln und Statuen beweisen, in einem verschwenderischen Kult gehuldigt. Es folgten ihr die drei Grazien, von denen uns Homer erzählt, sie hätten ihre Schleier in den lieblich duftenden Tau der cypriotischen Nächte getaucht.

Wer sich einen Begriff des Lebens auf der Insel von der Steinzeit bis in die griechisch-römische Epoche machen will, der möge nicht versäumen, das reich ausgestattete Museum in Nikosia zu besuchen, wo auch eine besonders schöne und gut erhaltene Aphrodite zu bewundern ist.

Der jetzige Name der Insel entstand aus dem phönikischen Wort *Koprus,* das zur Bezeichnung der Zypresse diente und sich später in das griechische *Kypros* verwandelte. Schon im Altertum war der Kupferreichtum der Insel sagenhaft, und auch das Wort Kupfer leitet sich aus *Kypros* beziehungsweise *Koprus* ab.

Byzanz und die Nationalkirche

Viele Jahrhunderte führte Cypern ein glückhaftes und unabhängiges Leben, das sich von jenem der hellenischen Welt kaum wesentlich unterschieden hat. Dann aber folgte um das Jahr 700 v. Chr. die Eroberung der Insel durch die Assyrer, denen um 560 wiederum die Ägypter folgten. 540 erschienen die Perser, unter denen sich die Insel der Herrschaft selbstherrlicher, aber humaner Könige erfreute. Alexander der Grosse brachte Cypern wieder in griechischen Besitz; aber schon wenige Jahrzehnte später fiel es in die Hände der ägyptischen Ptolemäer. Dessenungeachtet behielt die Insel durch alle Wechselfälle der Geschichte hindurch ihren hellenischen Charakter, bis sie im Jahre 54 v. Chr. die Römer in Besitz nahmen. Unter ihnen erhielten die Städte wieder ihre Selbstverwaltung.

Alle Versuche Roms, die Insel zu lateinisieren, blieben fruchtlos. Selbst die römisch-katholische Kirche vermochte später gegen den lebhaften Widerstand des Hellenismus nicht durchzudringen.

Die ersten Verbreiter des Christentums auf Cypern waren Apostel Paulus und der später heiliggesprochene Barnabas, der nun als der eigentliche Begründer der cypriotischen Kirche gilt. Der Besucher der Insel möge es nicht unterlassen, das in der Nähe der Ruinen von Salamis im Osten der Insel gelegene Kloster Sankt Barnabas zu besuchen. Das Kloster selber und die dazugehörige Kirche nehmen sich in der öden Landschaft recht monumental aus, sind aber stark renoviert und nicht besonders ansprechend. Dagegen findet der Fremde unter herrlichen Eukalyptusbäumen ein Brünnlein mit frischem Wasser und ein ideales Rastplätzchen. Das Kloster wird nebst einigen wenigen Novizen nur von drei älteren Brüdern mit wallenden weissen Bärten bewohnt, die sich als Mönche ausschliesslich der Ikonenmalerei hingeben und die Besucher mit diskreter Liebenswürdigkeit zu empfangen pflegen. Da herrscht der Gottesfrieden einer sonst längst versunkenen Zeit. Wir erfahren an diesem Ort, dass hier der Heilige Barnabas bis weit über seinen Tod hinaus und sogar bis auf den heutigen Tag Geschichte gemacht hat.

Die cypriotische Kirche zeigte denn auch schon in ihren Anfängen den starken Drang, autokephal zu sein, das heisst sich selbst zu regieren. Das änderte sich auch nicht nach der Teilung Roms im Jahre 330, als Cypern Bestandteil des griechisch-christlichen Reiches von Byzanz wurde und Konstantin der Grosse die Hauptstadt von Rom nach Konstantinopel verlegte. Der Erzbischof von Salamis auf Cypern verbat sich gleich jede Einmischung. Er allein wollte über die zehn Bistümer der Insel regieren. Das Konzil von Ephesus vom Jahre 431 fand sich schliesslich mit dieser Eigenständigkeit der cypriotischen Kirche ab, nicht aber der Patriarch von Antiochia. Er ging von der Tatsache aus, dass Cypern bei der Gründung des Byzantinischen Reiches der Präfektur von Antiochia unterstand, Antiochia aber eine apostolische Gründung durch Paulus sei, welche Cypern erst nachträglich das Evangelium gebracht habe.

Dieser ständigen Bedrohung durch Antiochia bereitete schliesslich der Erzbischof Anthemios von Konstantia, wie sich Salamis später nannte, ein frommes Ende. Er hatte zur rechten Zeit – im Jahre 477 – eine Vision, in der ihm der Heilige Barnabas erschien und ihm den Ort seines Grabes bekanntgab. Und siehe: Anthemios fand das Grab mit den sterblichen Überresten des Heiligen, der ein von Matthäus eigenhändig geschriebenes Evangelium in Händen hielt. Dieses kostbare Manuskript schenkte Anthemios dem Kaiser Zenos von Byzanz, der zum Dank hierfür feststellte, dass Cypern eine apostolische Gründung sei und darum autokephal sein dürfe. Zenos verlieh dem Erzbischof Anthemios in der Folge die kaiserlichen Privilegien, nämlich den Purpurrock des Kardinals, das Zepter und die rote Tinte für die Unterschrift. Somit war der Bestand der cypriotischen Nationalkirche nicht mehr anzufechten.

Das sollte Folgen haben, die sich selbst im gegenwärtigen Cypernkonflikt noch widerspiegeln. Die Insel war nun in der Lage, fortan in allen Auseinandersetzungen weitgehend unabhängig von Byzanz und später von Athen zu handeln.

87 CHIOS
Ikonostas

88 CYPERN
Frühchristliche
Ikonenwand
in Lambusa

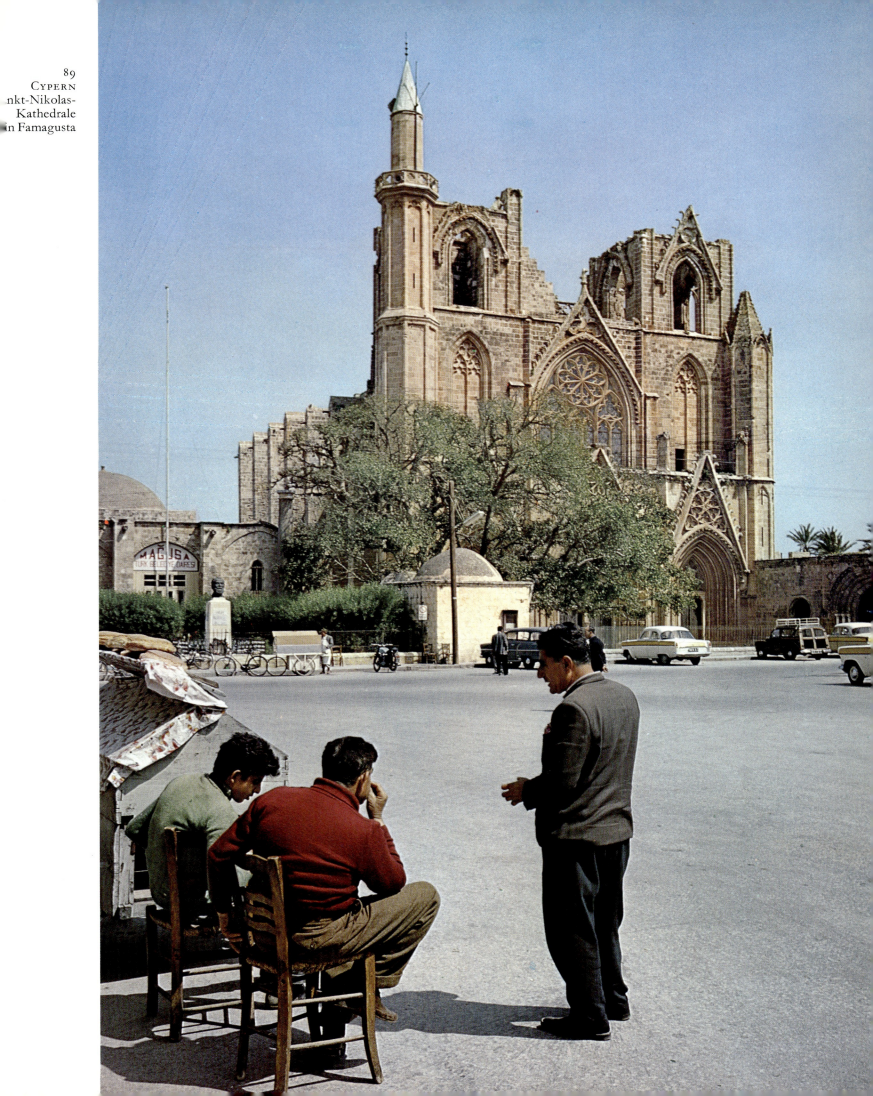

89
Cypern
Sankt-Nikolas-
Kathedrale
in Famagusta

90 CYPERN Byzantinische Kirche bei Lambusa

91 CYPERN Paphos an der Westküste

92
Cypern
Mosaiken
aus Kurium
bei Episkopi

93
Vor Cypern
Fels der
Aphrodite

Hier aber drängt sich eine Bemerkung zu der eigenartigen Stellung auf, welche die griechisch-orthodoxe Geistlichkeit in der Politik einnimmt. Religiosität und Nationalismus bilden eine untrennbare Einheit. Die Nationalkirche, über der ja kein Rom als höhere Gewalt steht, ist zugleich religiöse Gemeinschaft wie politische Organisation. Die religiösen Führer sind die Repräsentanten der Kirche wie auch des Volkes und der Eliten. Sie sind vor allem die Fürsprecher und die Schutzherren des Hellenismus in Zeiten der Bedrängnis und der Okkupation. Wenn wir es also von unserm Standpunkt aus stossend empfinden, dass der gegenwärtige Erzbischof von Cypern, Makarios, zugleich das höchste Amt im Staate bekleidet, so müssen wir uns vor Augen halten, dass dies vom Gesichtspunkt eines Griechisch-Orthodoxen aus nur natürlich ist und sogar unter den heutigen kritischen Umständen als ein Erfordernis betrachtet wird.

Doch kehren wir zum Heiligen Barnabas zurück. Erzbischof Anthemios liess den Apostel in einer Kapelle neben der jetzigen Kirche in einem neuen Grabmal beisetzen und reservierte sich die Gruft daneben für sich selber. Später entdeckte man unter den Trümmern dieser Kapelle die beiden aufgebrochenen Sarkophage. Sie waren leer und ihrer Reliquien beraubt. Nur noch ein Fresko ist erhalten, das uns die bewegte Geschichte des Klosters veranschaulicht. Schliesslich vergesse man nicht, ein Ohr an das kleine Loch in einer Säule zu legen. Das soll vor Gehörleiden schützen.

Die Prinzen von Lusignan

Cypern blieb von 330 bis 1191 Bestandteil des Reiches von Byzanz. Das Hellenentum vermochte sich kräftig zu entwickeln; aber bei sporadischen Einfällen arabischer Horden von der syrischen Küste aus wurde manches schöne Baudenkmal aus der Antike und der frühchristlichen Zeit zerstört und das Land auf weite Strecken verwüstet.

Auf dem dritten Kreuzzug bemächtigte sich Richard Löwenherz, König von England, der Insel, die er gleich den Templern verkaufte. Das feindselige Verhalten der hellenischen Bevölkerung brachte aber den Templerorden in arge Bedrängnis, und so veräusserte dieser die Insel auf Wunsch von Richard Löwenherz weiter an Guy de Lusignan, den entthronten König von Jerusalem, einen Adligen aus der französischen Stadt Poitou, der hunderttausend Goldmünzen dafür bezahlte.

Den Prinzen von Lusignan, die in der Folge das Land von 1192 bis 1489 regierten, darf nachgesagt werden, dass sie sich als gute Regenten erwiesen, unter denen Handel und Wandel aufblühten. Sie zeigten auch grosses Verständnis für den hellenischen Charakter der Bewohner; doch vermochten sie den nun unvermeidlichen Zusammenstoss zwischen der Griechischen und der Römischen Kirche nur vorübergehend abzudämpfen. Das Papsttum wollte sich natürlich die günstige Gelegenheit nicht nehmen lassen, Cypern in den lateinischen Kulturkreis einzuschliessen, dem ja auch die Lusignans angehörten. So konnten sie es nicht verhindern, dass sich auf Cypern eine römisch-katholische Hierarchie etablierte, der es gelang, die Zahl der griechisch-orthodoxen Bischöfe allmählich herabzusetzen. Als die Feindschaft offen auflodderte, wurden zahlreiche griechische Kirchen ausgeraubt und hiergegen immer neue lateinische Gotteshäuser errichtet, die unverkennbar den Stempel der französischen Gotik tragen und sich in diesen Gefilden heute noch wie Fremdkörper ausnehmen, obschon ihre Schönheit und ihre Ästhetik in den meisten Fällen unbestritten sind. Als Papst Alexander IV. durch seine *Bulla Cypria* die Insel im Jahre 1260 Rom vollends unterwarf, flüchteten sich die verbitterten griechischen Cyprioten in ihre Klöster im Landesinnern, die sie zu wahren nationalen und geistlichen Festungen ausbauten. Auch das liessen die Lusignans geschehen, deren Ohnmacht im sich verschärfenden Kulturkampf immer deutlicher zutage trat.

Diese Schwäche versuchten die Lusignans indessen durch Eroberungszüge in Kleinasien wettzumachen, wo sie die türkische Provinz Teke besetzten. Famagusta an der

Ostküste Cyperns wurde unter ihnen die Drehscheibe des West-Ost-Handels und damit zur wohlhabendsten Stadt der orientalischen Christenheit.

Um die Wende zum 14. Jahrhundert aber wurde die Insel der Mittelpunkt blutiger Auseinandersetzungen. Die Mameluken plünderten die Städte Larnaca und Limassol an der Südküste und brachten der cypriotischen Armee im Jahre 1425 eine vernichtende Niederlage bei. Venedig und Genua wetteiferten nun um den Besitz der Insel, auf der sich die Anarchie ausbreitete. König Jakob II., der letzte König aus dem Hause Lusignan, heiratete in der Not eine reiche Venezianerin aus bestem Adel, um mit der Gunst Venedigs seinen Thron zu retten. Doch nach seinem Tode blieb der Witwe keine andere Wahl, als die Insel an Venedig abzutreten.

Venezianisches Intermezzo

Venedig vollzog den formellen Anschluss der Insel im Jahre 1489 und war vor allem darauf bedacht, sie einerseits auszupressen und sie andererseits gewissermassen als Gegendienst gegen alle räuberischen Überfälle vom nahen Festland her abzuschirmen. So bauten sie die Umwallung von Famagusta an der besonders gefährdeten Ostküste zu einer gewaltigen Festung aus, die heute ein Anziehungspunkt für Touristen ist, wo man friedlich promenieren kann und von wo aus man einen herrlichen Blick auf die Umgebung geniesst.

Die Herrschaft Venedigs wurde so drückend, dass die Cyprioten nicht mehr vor dem Gedanken zurückschreckten, den Teufel durch Beelzebub zu vertreiben. Sie begünstigten den Einfall der Türken und begrüssten sie sogar teilweise als Befreier.

Die Türkenherrschaft

Zuerst schien es auch so, dass sich die Inselbewohner damit durchaus nicht den falschen Finger verbunden hätten. Die Türken, deren Herrschaft von 1571 bis 1878 dauerte, waren denn auch anfänglich recht grosszügig. Sie schenkten einen Grossteil des verwaisten Grundbesitzes der griechisch-orthodoxen Kirche, stellten die volle Unabhängigkeit des Patriarchats wieder her und gaben dem Volk die Glaubensfreiheit zurück. Ihre Feindschaft richtete sich einzig gegen die lateinische Christenheit, und dabei fanden sie bei den griechischen Cyprioten einen leidenschaftlichen Verbündeten. Sie plünderten die römisch-katholischen Kirchen aus und verwandelten sie in Moscheen, was heute noch einigen Städten der Insel einen merkwürdigen Aspekt verleiht.

So thront über der Hauptstadt Nikosia die Kathedrale der Heiligen Sophie, ein gotischer Bau, der sich in der Umgebung der byzantinischen Kirchen recht seltsam ausnimmt, zumal anstelle der Kirchtürme zwei Minarette in den Himmel ragen. «Ein Anblick von absurder Schönheit», sagte ein englischer Schriftsteller. Noch zutreffender ist dieses Wort beim Anblick des Minaretts, das der gotischen Kirche Sankt Nikolas in Famagusta aufgepfropft ist.

Ein Teil des Bodens, den die venezianischen Besitzer zurückliessen, ging allerdings in die Hände der türkischen Soldaten und Funktionäre, und da die Insel untervölkert blieb, siedelten sich hier weitere Bewohner von Anatolien an.

Die Vernunftehe zwischen Griechen und Türken währte freilich nicht lange. Die Türken erwiesen sich als schlechte Verwalter und arge Schmarotzer. Trockenheit und Heuschreckenplagen, Pest und andere Seuchen trugen ferner dazu bei, dass die einst so wohlhabende Insel namenlos verwahrloste und verarmte, so dass es unter den Bewohnern im 17. und 18. Jahrhundert zu schweren Unruhen kam.

Das Ottomanische Reich selber wurde zum Kranken Mann am Bosporus und war zunehmend machtlos gegenüber den eigenen Funktionären in den annektierten Ländern. Auf Cypern kam es so weit, dass sich Konstantinopel mit den griechischen Bewohnern gegen die unbotmässigen türkischen Behörden verband. Der Sultan entzog den türkischen Beamten das Recht der Steuereinziehung, da sie die Erträgnisse doch nicht ablieferten, und übertrug dieses der Kirche. Das verstärkte jedoch die Macht des Patriarchates dermassen, dass es zu Unruhen unter den türkischen Inselbewohnern kam. Schliesslich einigte man sich dahin, dass der türkische Gouverneur und der Erzbischof gemeinsam die Regierungsgeschäfte führten. Doch auch dieses Idyll war nicht von langer Dauer. Der griechische Befreiungskampf gegen die Pforte anfangs des letzten Jahrhunderts musste auch seine Rückwirkungen auf Cypern haben, wo es zu schrecklichem Blutvergiessen zwischen den beiden Bevölkerungsteilen kam. Griechisch-cypriotische Freiheitskämpfer wurden in grosser Zahl enthauptet, und die Insel vermochte vorerst das türkische Joch nicht abzuschütteln.

Londons Schlüssel

Das Jahr 1869 brachte die Eröffnung des Suezkanals, der dem Mittelmeer eine enorme strategische Bedeutung verschaffte. «Cypern ist der Schlüssel zu Westasien», hiess es in einem Brief des britischen Premierministers Disraeli an Königin Victoria, und 1878 nahmen die Briten die Insel unter ihre Kontrolle. Der durch den unglücklichen Ausgang des Krieges gegen Russland vollends geschwächte Sultan konnte es nicht wagen, sich dagegen aufzulehnen, und so gab er sich damit zufrieden, wenigstens nominell weiterhin als Herrscher über Cypern zu gelten. Die griechischen Cyprioten nahmen die Präsenz der Briten willig in Kauf, weil sie hofften, London werde ihnen eines Tages, wie den andern Kleinasien vorgelagerten Inseln, die volle Unabhängigkeit schenken, worauf sie sich Griechenland würden anschliessen können.

Als die Türkei im Ersten Weltkrieg auf die Seite der Feinde Grossbritanniens trat, annektierte London kurz entschlossen Cypern und bot es Griechenland an, falls sich dessen König der Entente anschlösse. Dieser aber zögerte zwei Jahre lang mit dem Kriegseintritt; so hielt sich London später nicht mehr an das Versprechen gebunden. Die Friedensverträge von Sèvres (1920) und von Lausanne (1923) brachten die Insel endgültig unter britische Herrschaft.

Die griechisch-cypriotischen Nationalisten schlossen sich hierauf zu einer Bewegung zusammen und forderten immer lautstärker den Anschluss [Enosis] an das Mutterland. Es kam in der Folge zu ernsten Unruhen, wobei die Briten durch die Deportierung zahlreicher besonders militanter Geistlicher erst recht Feuer entfachten. Als dann London nach dem Zweiten Weltkrieg Indien, Pakistan, Ceylon und einem afrikanischen Staat nach dem andern die Unabhängigkeit schenkte, schlug der Unwille der griechischen Cyprioten, weiterhin mit den Briten zusammenzuarbeiten, in unbändigen Hass gegen sie um. Oberst Grivas organisierte die EOKA, eine Terroristenbewegung, die fortan den Ton angab. Alle britischen Versöhnungsprojekte und Kompromissversuche mit neuen Verfassungen mussten in diesem Klima scheitern. Die türkischen Cyprioten, die nur 17,5 Prozent der Bevölkerung ausmachen, blieben aber auch nicht ruhig. Sie befürchteten, von der griechischen Mehrheit im Falle eines Anschlusses an Griechenland an die Wand gedrückt zu werden, und verlangten die Teilung der Insel durch Bevölkerungsaustausch.

Erzbischof Makarios, der ebenfalls in kämpferischer Weise die britische Vorherrschaft ablehnte, wurde 1956 auf die Seychelleninseln verbannt und erst 1958 wieder freigelassen. Er trat darauf unentwegt für die Unabhängigkeit der Insel ein, während Grivas an der Enosis festhielt. So kam es in der Befreiungsbewegung zu einem heute noch nicht beendigten Zerwürfnis zwischen dem geistlichen und dem militärischen Anführer. Makarios gab schliesslich den Weg zu einem Kompromiss mit London frei, da er das neugeschaffene Vertragswerk bloss als Übergangslösung betrachtete.

Das Vertragswerk von 1959

Die neue Verfassung Cyperns, die nach langwierigen Verhandlungen zwischen den interessierten Mächten zustande kam, beruht auf einem reichlich komplizierten Vertragswerk, das 1959 in Zürich und in London ausgearbeitet wurde. Die Türkei verzichtete dabei auf die Teilung der Insel und Griechenland auf die Enosis. London anerkannte die Selbstverwaltung der Insel und sicherte sich lediglich die Beibehaltung der dortigen britischen Flug- und Flottenbasen. Am 16. August 1960 wurde die Unabhängigkeit Cyperns proklamiert, und kurz darauf fand die Aufnahme des neuen Staates in die Vereinten Nationen statt. Cypern beschloss fernerhin, im britischen Commonwealth zu verbleiben.

Aus dem Vertragswerk, das die Grundlage für die gemeinsame Herrschaft der beiden Bevölkerungsgruppen bilden sollte, lassen sich folgende Hauptpunkte herausschälen:

1. Der Präsident des Landes muss Grieche, der Vizepräsident Türke sein. Präsident und Vizepräsident haben in Fragen der Aussenpolitik und der Sicherheit der Insel ein absolutes Vetorecht.

2. Die Regierung besteht aus sieben griechischen und drei türkischen Ministern.

3. Die Abgeordnetenkammer besteht aus 35 griechischen und 15 türkischen Vertretern. Eine Vorlage bedarf zur Genehmigung der Mehrheit beider Fraktionen.

4. Die Türken haben ein Anrecht auf 30 Prozent der Posten in der Verwaltung und in der Polizei sowie auf 40 Prozent in der Armee.

Zum Präsidenten der Republik wurde Erzbischof Makarios gewählt, zum Vizepräsidenten der türkische Arzt Dr. Küçük.

Man ersieht daraus, dass dieses ausgeklügelte Vertragswerk den Griechen zwar den Vorrang gibt, aber alles enthält, um die Majorisierung der türkischen Minderheit zu verhindern. Die Türken können praktisch entweder durch das Vetorecht ihres Vizepräsidenten oder durch ein negatives Votum ihrer parlamentarischen Fraktion alle Beschlüsse der griechischen Mehrheit zu Fall bringen. Zudem ist ihr Anteil an den Staatsstellen mit 30 bis 40 Prozent verhältnismässig hoch ausgefallen, weil sie keine 20 Prozent der Bevölkerung ausmachen. Da in der Folge die beiden Bevölkerungsgruppen über die administrativen Fragen des Alltags oft sehr unterschiedliche Ansichten hatten, lief es auch bald darauf hinaus, dass die Türken Obstruktion trieben und damit den ganzen Verwaltungsapparat lahmlegten. Hinter jedem griechischen Vorschlag witterten sie, zu Recht oder zu Unrecht, einen Verstoss gegen die Minderheitsrechte. Kurz: Das Klima zur Verständigung fehlte, und so musste dieser Vertrag toter Buchstabe bleiben.

Der Ausbruch des Konflikts

Der Konflikt kam zum offenen Ausbruch, als Makarios an Küçük am 30. November 1963 einen Brief schrieb, in dem er die Verfassung heftig kritisierte und hinzufügte: «Sie hindert Griechen und Türken, in einem Geiste der Freundschaft und des Verständnisses zusammenzuarbeiten, kompromittiert die Beziehungen zwischen ihnen und trägt dazu bei, sie auseinander- statt näherzubringen.» Makarios forderte in diesem Brief die Türken auf, sie sollten auf ihr Vetorecht verzichten, das die Verwaltung lahmlege, ebenso auf die getrennten Abstimmungen nach Fraktionen im Abgeordnetenhaus. Ferner verlangte er, dass das in den grösseren Städten geltende Prinzip der separaten Verwaltungen fallengelassen werde und dass die Vorschrift keine Geltung mehr haben dürfe, wonach den Türken das Recht auf so viele Funktionäre zustehe.

Die Vorschläge von Makarios liefen praktisch auf die Ausserkraftsetzung der Verfassung hinaus, die er selber unterschrieben hatte. Entsprechend fiel denn auch die Antwort der Türken scharf negativ aus. Sie sahen in den Vorschlägen des Erzbischofs den Versuch, alle Garantien für die türkische Minderheit abzuschaffen und sie auf Gnade und Ungnade dem Willen der griechischen Mehrheit auszuliefern. Um so mehr versteiften sie sich nun auf die Forderung der Teilung der Insel, wozu sie einen positiven Vorschlag unterbreiteten. Danach sollte der Norden des Landes mit Einschluss von Famagusta an die Türken fallen, wobei Nikosia geteilt würde. Das müsste die Umsiedlung von etwa 50000 Türken und 100000 Griechen bedingen. Gegen diesen Umsiedlungs- und Teilungsplan machten aber die Griechen geltend, dass er den Türken 40 Prozent des bebauten Bodens gegenüber 15 Prozent wie bisher überlasse. Ausserdem kämen die Türken dadurch in den Besitz von hundert Industrieunternehmungen, während sie bis jetzt erst sechs ihr eigen nennen könnten. Im Verlaufe verschiedener Vermittlungsaktionen, in die sich auch die Vereinten Nationen mehrfach einschalteten, stellte es sich heraus, dass die Griechen auch Vorschläge in diesem Sinne ablehnen, die günstiger für sie wären, weil sie eine Teilung der Insel unter allen Umständen vermeiden wollen.

Unterdessen stieg auf der Insel das Fieber unablässig, bis es zu blutigen Zwischenfällen durch griechische und türkische Cyprioten kam, die zahlreiche Todesopfer forderten. Die Türken verschanzten sich überall dort, wo sie mehr oder weniger kompakt zusammenlebten, was immerhin die gute Folge hatte, dass hierauf die zur Wahrung von Ruhe und Sicherheit aufgebotenen Uno-Truppen sich an den Demarkationslinien postieren konnten, um weitere schwere Zusammenstösse zu vermeiden. Seit 1965 ereigneten sich denn auch keine grösseren Unruhen mehr.

Eine Lösung des Cypernproblems wurde bisher auch dadurch erschwert, dass Nikosia und Athen nicht die gleichen Interessen haben. Athen bekennt sich, wer immer auch dort am Ruder sein mag, eindeutig zur Enosis. Makarios hingegen nimmt zwar nicht Stellung gegen die Enosis, aber er will sie einhandeln und nicht vorbehaltlos hinnehmen. Seiner Auffassung nach muss Cypern zuerst die Unabhängigkeit erlangen und sich erst dann mit Athen ins Benehmen setzen. Es geht ihm offensichtlich darum,

der Insel eine gewisse Autonomie zu bewahren und trotz dem Anschluss an Griechenland die autokephale Cypriotische Nationalkirche zu retten, deren Patriarch er ist. Ferner ist zu bedenken, dass Cypern weitgehend auf die gleiche Ausfuhr von Agrarprodukten angewiesen ist wie Griechenland. Es geniesst aber als Commonwealth-Partner bedeutende Präferenzzölle, die nach dem Anschluss wegfallen werden. Darum sind vor allem auch die griechisch-cypriotischen Wirtschaftskreise der Ansicht, man möge vorerst die Frage regeln, wie sich der Export der Insel sicherstellen lasse. Erst wenn seitens der griechischen Regierung handfeste vertragliche Verpflichtungen vorliegen, sei die Enosis zu verantworten.
Athen misstraut Nikosia und nimmt an, es werde zuletzt die Enosis doch noch torpedieren. Nikosia aber unterstellt Athen, es wolle durch direkte Verhandlungen mit Ankara die Cyprioten vor vollendete Tatsachen setzen, ohne sie vorher um ihre Meinung zu befragen. Dieses Misstrauen äussert sich auch darin, dass Athen den inzwischen zum General beförderten Grivas zum Kommandanten des griechischen Truppenkontingents auf Cypern ernannt hat, dessen Rückberufung Makarios immer wieder vergeblich verlangt.

Griechen und Türken

Die türkische Minderheit, die je nach Herkunft der Statistik mit 16 bis 20 Prozent angegeben wird, ist über alle sechs Distrikte der Insel verstreut. Sie ist in den Städten etwas stärker vertreten als auf dem Land. Am deutlichsten tritt sie im Distrikt Paphos mit über 22 Prozent, am schwächsten im Distrikt Kerynia mit weniger als 13 Prozent in Erscheinung. 323 Dörfer sind gemischt bevölkert, 246 ausschliesslich griechisch und 56 vollständig türkisch.
Es wird zuweilen behauptet, die griechischen Cyprioten seien gar keine Griechen mehr.

Nun stimmt es wohl, wie ein Vertreter dieser These kürzlich schrieb, dass wenige Länder so viele verschiedene Völker und Kulturen angezogen haben wie die Insel Cypern, die im Schnittpunkt vieler Verbindungswege zwischen West und Ost, Nord und Süd der Alten Welt lag. Hier lebten tatsächlich nicht nur Griechen, sondern auch Assyrer, Ägypter, Römer, Kreuzritter verschiedenen Ursprungs, Franzosen, Genuesen, Venezianer, Türken und Briten. Der kulturelle Einfluss dieser Eroberervölker ist gewiss nicht zu unterschätzen, doch dasselbe lässt sich auch vom griechischen Mutterland sagen, wo sich die heutigen Griechen auch nicht mehr mit den Hellenen der Antike vergleichen lassen. Wir tun gut daran, den Rasseneinschlag der Fremdlinge nicht allzu hoch zu veranschlagen. Natürlich kam es zu Mischehen. Aber das waren Seltenheiten. Die fremden Herrschaften pflegten sich sozial von den Untertanen streng abzusondern, und die unterworfenen Griechen setzten der Rassenmischung durch ihren Fremdenhass eine feste Schranke. Griechische Frauen, die sich in die türkischen Harems verlocken liessen, wurden aus der griechischen Gemeinschaft ausgestossen und gingen bei den Türken unter. Griechische Männer aber heirateten sehr selten Türkinnen, es sei denn, dass sie zum islamischen Glauben übertraten und damit Türken wurden. So kann man eher sagen, dass das türkische Blut auf der Insel weniger rein ist als das griechische, zumal die türkischen Eroberer weitgehend Janitscharen waren, die aus den Untertanenvölkern ausgesucht und zwangsweise zum Islam bekehrt worden sind. Zahlreiche Janitscharen waren zweifellos griechischen Ursprungs.

Wesentlich ist, dass die griechischen Cyprioten nie aufgehört haben, die gleiche Sprache wie ihre griechischen Brüder auf den übrigen Inseln und auf dem Festland zu sprechen, dass sie denselben Glauben haben, dieselben Feste feiern und sich in ihrer Lebensweise, abgesehen von belanglosen örtlichen Abweichungen, von den übrigen Griechen in keiner Weise unterscheiden. Darum ist es auch überflüssig, hier näher auf den Volkscharakter und das soziale Leben der griechischen Cyprioten einzugehen, da es eine Wiederholung dessen wäre, was in diesem Buche bereits steht.

Die Besonderheit Cyperns besteht einzig in der bedeutenden türkischen Minderheit, die sich unter keinen Umständen in die griechische Gemeinschaft einfügen will und sich von ihr abkapselt, wo sie nur kann. Über diese türkischen Cyprioten ist noch ein Wort am Platze.

Die zahlreichen muselmanischen Einfälle, die Cypern im Laufe seiner bewegten und wechselvollen Geschichte erdulden musste, liessen keinerlei türkische Spuren zurück. Der Ursprung der heutigen türkischen Gemeinschaft auf der Insel geht also erst auf die Eroberung vom Jahre 1571 zurück. Vermutlich war es so, dass die Soldaten, die an der Besetzung teilgenommen hatten, selber den Wunsch äusserten, sich auf der Insel niederzulassen. Zu ihnen gesellten sich dann die vielen Funktionäre, die der Sultan zu Verwaltungszwecken hinüberschicken musste, und zuletzt noch zahlreiche Händler, die aber zum Teil nur einen vorübergehenden Aufenthalt nahmen.

Schon ein Jahr nach der Eroberung soll die türkische Gemeinschaft ungefähr 30000 Seelen umfasst haben. Zu ihnen stiessen wenig später 5000 Familien aus Anatolien, hauptsächlich Bauern und Handwerker, deren Auswanderung der Sultan begünstigte. Genaue Statistiken liegen allerdings aus jenen Zeiten nicht vor. Immerhin scheint es, dass sich um das Jahr 1750 griechische und türkische Einwohner ungefähr die Waage hielten und dass bei der Besetzung der Insel durch die Briten 1878 die Türken die deutliche Mehrheit der Bevölkerung ausmachten. Dann aber folgte ein jäher Abstieg. Die ersten exakten Angaben, die aus dem Jahre 1888 stammen, verzeichnen nur noch 45000 Türken auf 137000 Griechen. Heute lautet das Verhältnis 115000 zu 450000. Man ist somit versucht zu sagen, dass die britische Annexion den ursprünglich griechischen Charakter Cyperns gerettet habe. Dieser Eindruck verstärkt sich, wenn wir den Motiven der türkischen Rückwanderung in die alte Heimat nachgehen. Sie lassen sich in folgende Punkte zusammenfassen:

Bis zu der britischen Annexion bewahrten die türkischen Cyprioten ihr türkisches Bürgerrecht. Die Briten aber stellten sie vor die Alternative, entweder britische Untertanen zu werden oder in ihre Heimat zurückzukehren. Das erklärt wenigstens zum Teil die plötzlich einsetzende massive Rückwanderung. Die Emigranten siedelten sich vornehmlich in den türkischen Departementen Adana und Mersin an, die ein ähnliches Klima aufweisen und heute noch von ihnen bewohnt sind.

Die türkischen Cyprioten waren von Anfang an den griechischen Cyprioten in bezug auf Bildung und Ausbildung unterlegen. Sie vermochten dies unter türkischer Herrschaft durch gewisse Privilegien gegenüber dem Untertanenvolk weitgehend auszugleichen. Als diese Kompensation unter den Briten dahinfiel, waren sie der Konkurrenz nicht mehr gewachsen und zogen es darum häufig vor, in ihre ursprüngliche Heimat zurückzukehren. Auch heute noch finden sich wenige Türken in gehobener Stellung auf der Insel. Sie sind zur Hauptsache einfache Bauern und Handwerker, nur ausnahmsweise Grosskaufleute und Grossunternehmer. Aus ihrer Mittelschicht rekrutierten sich schon immer auffallend viele staatliche Funktionäre. Die Griechen beneideten sie nicht um diese wenig lukrativen Posten. Sie räumten ihnen 1959 gerne den bereits erwähnten hohen Prozentsatz an Beamtenstellen ein; denn dies erleichterte es ihnen, ihre Vormachtstellung in der Wirtschaft auszubauen.

Die bloss zahlenmässig weniger ins Gewicht fallende türkische Elite wurde unter den Briten zurückgedrängt. Es gab keine höheren Schulen, die ihre Ansprüche an die türkische Erziehung ihrer Kinder erfüllten, und keine einzige Universität für sie. Ihr Rückzug in die Türkei wirkte sich auf das geistige Leben der verbleibenden Türken sehr nachteilig aus.

Zwischen den beiden Weltkriegen machte sich der Männermangel bei den türkischen Cyprioten in unerwünschter Weise bemerkbar. Die Frauen liessen sich nur allzu gerne auf Verbindung mit Syriern und Jordaniern ein, denen in Larnaca entsprechende «Vermittlungsbüros» zur Verfügung standen.

Auffallend ist, dass die türkischen Cyprioten auch unter britischer Herrschaft nicht von ihrem «Apartheid-Prinzip» abrücken wollten. Sie hielten sich streng an die Entwicklung in der Türkei, als ob Cypern immer noch ein Bestandteil von ihr wäre. So machten sie alle Umwälzungen der nationalen Revolution unter Atatürk getreulich mit und lehnen sich heute noch in sämtlichen Belangen dem Kurs der jeweiligen Regierung in Ankara an. Auch Vizepräsident Küçük schlug nie eigene Wege ein. Im Unterschied zu Makarios, der die griechische Regierung nicht gerne um ihre Meinung befragt, denkt Küçük nie daran, selbständig zu handeln. Er empfängt alle Weisungen aus Ankara und will nicht mehr sein als ein Exekutivbeamter der türkischen Regierung. Den Touristen gegenüber verhalten sich die türkischen Cyprioten mit ausgesuchter orientalischer Höflichkeit, denen übrigens auch von den Uno-Truppen keinerlei Schwierigkeiten beim Überschreiten der Demarkationslinien gemacht werden, sobald sie ihren Pass vorweisen. Von irgendwelcher Folklore ist allerdings auf türkischer Seite nichts zu bemerken. Sie zeigen mit Stolz ihre Moscheen und Museen; aber ihre Feste feiern sie in strenger Abgeschlossenheit vor der nichtislamischen Welt. Der Fremde wird lediglich zur Kenntnis nehmen, dass in den türkischen «Reservaten» das Leben auf einem recht bescheidenen Niveau steht.

Wirtschaft

Cypern ist seinem Wesen nach ein Agrarland, das von der Hochkonjunktur in den Industriestaaten verhältnismässig wenig zu spüren bekommt. Über 40 Prozent der Bevölkerung bebaut trotz dem zunehmenden Sog der Städte immer noch den Boden, wo die zahlreichen Schafherden eine liebliche Note in die steinige Härte der Landschaft tragen. 47 Prozent des Bodens sind nicht kultivierbar. 18 Prozent bedeckt der Wald und 10 Prozent das Weideland. So verbleiben für den Anbau nur noch 18 Prozent der Gesamtfläche, wenn man den Raum berücksichtigt, den die Städte, Flüsse und Strassen beanspruchen. Es wird weiterhin schwierig bleiben, die rasch anwachsende Bevölkerung ausreichend zu beschäftigen. Die Zahl der Arbeitslosen schwankt zwischen 4000 und 7000, nicht zu reden von den Unterbeschäftigten auf dem Lande, die sich statistisch nicht erfassen lassen. Die Mechanisierung der Landwirtschaft macht es immer schwieriger, hier neue Arbeitsmöglichkeiten zu schaffen.

Der Mineralreichtum vermag allerdings einen gewissen Ausgleich zu schaffen, so vor allem durch die Förderung von Kupfer, Eisen und Chrom. Das Total der Ausfuhr bezifferte sich für 1965 auf 56,5 Prozent für landwirtschaftliche Produkte und auf 38,5 Prozent für Mineralien.

Ein weiterer Lichtblick ist die Zunahme der Produktion und des Exports von Zitrusfrüchten [Orangen, Zitronen und Grapefruits], Trauben, Wein und in geringerem Ausmass von Kartoffeln. Diese Gruppen machen 75 Prozent des gesamten landwirtschaftlichen Exports aus. Die Regierung hofft, durch moderne landwirtschaftliche Maschinen und bessere Bewässerungsanlagen die Produktion der begehrten Zitrusfrüchte in den nächsten Jahren um 40 bis 50 Prozent steigern zu können. Hauptabnehmer ist der englische Markt, den Cypern jedoch bei einem allfälligen Anschluss an Griechenland – und demzufolge auch einem Verzicht auf die bisherigen Präferenzzölle des Commonwealth – zum Teil wieder verlieren könnte.

Auch die frischen Trauben der Insel weisen eine ausgezeichnete Qualität auf. Die Produktion stieg von 5233 Tonnen im Jahre 1963 auf 7377 Tonnen im Jahre 1965. Es gelang auch, die Weinausfuhr von 2,7 Millionen Gallonen im Jahre 1959 auf fast drei Millionen Gallonen im Jahre 1965 zu steigern, was aber einzig dem britischen Entgegenkommen zu verdanken ist.

Das Sorgenkind des Landes ist der Getreideanbau. Cypern muss nach wie vor jährlich um die 20 000 Tonnen Korn einführen, das heisst zwischen einem Drittel und der Hälfte des Eigenbedarfs.

Fleisch, Milch, Eier und Honig bilden 26 Prozent des landwirtschaftlichen Einkommens. Die Trockenheit der Insel begünstigt die Viehzucht in keiner Weise. Es fehlt an den fetten Weiden für Rinder, und darum bleiben wohl bis auf weiteres Ziegen und Schafe das wichtigste Schlachtvieh.

Das Meer, das die Küsten der Insel umspült, ist enttäuschend arm an Fischen. Die cypriotische Fischerei beschäftigt nur etwas mehr als tausend Personen, die hart arbeiten müssen und wenig verdienen. Die Fischereiflotte zählt bloss ungefähr 300 Ruder- und Segelboote, 180 Motorboote und zehn Schaluppen.

Alle grösseren Ortschaften, mit Ausnahme der Hauptstadt Nikosia selber, liegen an der Küste. Die bedeutendsten sind, der Rangfolge nach, Famagusta, Limassol und Larnaca. Nur der Hafen von Famagusta vermag indessen Schiffe von 130 Metern Länge mit einem Tiefgang von sieben Metern aufzunehmen und etwa 40000 Tonnen Ware im Monat umzusetzen.

Seit der Proklamierung der Unabhängigkeit der Insel im Jahre 1960 setzte die Regierung grosse Hoffnungen in den Tourismus, um die defizitäre Handelsbilanz ausgleichen zu können. Es fehlte nicht an Bemühungen, um den Zustrom der Ferienreisenden zu vergrössern. Die Modernisierung des Flugplatzes von Nikosia steht vor dem Abschluss. Die wichtigsten Verbindungsstrassen werden verbreitert und verbessert. Das monumentale Hilton-Hotel in Nikosia dürfte bald seine Tore öffnen und sich würdig an die bisherigen gediegenen Gaststätten anreihen. In Famagusta ist ein attraktiver Yachthafen im Bau. Internationale Motorbootrennen, Ballettwochen, Wine-Festivals und vieles mehr, das zur Unterhaltung anspruchsvoller Gäste beitragen kann, rücken immer stärker ins Rampenlicht der «glücklichen Insel». Hinderlich steht dem allerdings zurzeit die politische Unrast entgegen. Es ist oft schwer, selbst aus eigenen Beobachtungen heraus, den Ausländer davon zu überzeugen, dass er von diesen Geschehnissen nichts zu spüren bekommt und sich unter Griechen und Türken auf der Insel in aller Ruhe bewegen kann.